中国高校艺术专业技能与实践系列教材

国家产品艺术设计高水平专业群系列教材

U0889073

文创产品设计

WENCHUANG CHANPIN SHEJI

桂元龙◆总主编
廖乃徵◆主　编
徐向荣　杨　淳◆副主编

人民美術出版社
北京

图书在版编目（CIP）数据

文创产品设计 / 桂元龙总主编；廖乃徵主编；徐向荣，杨淳副主编. -- 北京：人民美术出版社，2023.12
中国高校艺术专业技能与实践系列教材　国家产品艺术设计高水平专业群系列教材
ISBN 978-7-102-09216-4

Ⅰ．①文… Ⅱ．①桂… ②廖… ③徐… ④杨… Ⅲ．①文化产品－产品设计－高等学校－教材 Ⅳ．① G124

中国国家版本馆 CIP 数据核字 (2023) 第 156242 号

中国高校艺术专业技能与实践系列教材
ZHONGGUO GAOXIAO YISHU ZHUANYE JINENG YU SHIJIAN XILIE JIAOCAI
国家产品艺术设计高水平专业群系列教材
GUOJIA CHANPIN YISHU SHEJI GAO SHUIPING ZHUANYE QUN XILIE JIAOCAI

文创产品设计
WENCHUANG CHANPIN SHEJI

编辑出版　人民美術出版社
（北京市朝阳区东三环南路甲3号　邮编：100022）
http://www.renmei.com.cn
发行部：（010）67517799
网购部：（010）67517743
总 主 编　桂元龙
主　　编　廖乃徵
副 主 编　徐向荣　杨　淳
责任编辑　李春立
装帧设计　翟英东
责任校对　李　扬
责任印制　胡雨竹
制　　版　北京字间科技有限公司
印　　刷　天津图文方嘉印刷有限公司
经　　销　全国新华书店

开　本：889mm×1194mm　1/16
印　张：9.75
字　数：100千
版　次：2023年12月　第1版
印　次：2023年12月　第1次印刷
印　数：0001—3000册
ISBN 978-7-102-09216-4
定　价：69.00元

序 言
FOREWORD

喜闻桂元龙教授主编“国家产品艺术设计高水平专业群系列教材”即将付梓，欣喜之。

常记得著名美学家朱光潜先生的座右铭：“此身、此时、此地。”朱老先生对这句话的解读，朴素且实在：凡是此身应该做且能够做的事情，绝不推诿给别人；凡是此刻做且能做的事情，便不推延到将来；凡是此地应该做且能够做的事，不要等未来某一个更好的环境再去做。在当代高职教育人的身上，我亦深深感受到了这样的勤勉与担当。作为与中华人民共和国一同成长起来的新时代职教人，于教材创新这件事，他们觉得能做、应该做、应该现在做。于是，我们迎来了桂元龙教授主编的“国家产品艺术设计高水平专业群系列教材”。

情怀和梦想之所以充满诗意，往往因为它们总是时代的一个个注脚，不经意就照亮了人间前程。中华人民共和国的高职教育，历经改革开放40多年的发展，在新时代的伊始，亦明晰了属于自己的诗和远方。“双高”计划的出台，其意义不仅仅是点明了现代高职教育高质量发展的道路，更是几代人“大国工匠”的梦想一点点地照进现实的写照。

时光迈入新世纪第二个十年，《国家职业教育改革实施方案》《关于实施中国特色高水平高职学校和专业建设计划的意见》等政策文件的发布，吹响了中国现代职业教育再攀高峰的号角。广东轻工职业技术学院作为粤港澳大湾区内历史最悠久、专业（群）门类最齐全、全面服务产业转型升级的国家示范性高职院校，亦在2019年成功申报为国家“双高”职校，艺术设计学院产品艺术设计专业群成功申报为国家“双高”专业群，更是可喜可贺！“国家产品艺术设计高水平专业群系列教材”诞生在这样的背景下，于我看来，这是对我们近40年中国特色高等职业教育最好的献礼。

教材是教学之本，教育活动中，各专业领域的知识与技术成果最终都将反映在教材上，并以此作为媒介向学生传播。由此观之，作为国家“三教改革”重点领域之一的教材，其重要性不言而喻。依据什么原则筛选放入教材内容、应该把什么样的内容放入教材、在教材中如何组织内容，这是现代高等职业教育教材编制的经典三问。而“国家产品艺术设计高水平专业群系列教材”则用“项目化”“模块化”“立体化”三个词，完美回答了这一系列灵魂拷问。在高质量发展成为当代高等职业教育生命线的当下，“引领改革、支撑发展、中国标准、世界一流”成为广东轻工艺术设计高职教育者的新追求。以桂元龙教授为总主编的编写团队秉持这一理念和追求，率先编写和使用这样一套高水平教材，作为他们对现代高等职业教育的思考和实践，无疑是走在了中国特色高等艺术设计职业教育的最前沿。

这种思考和实践，无论此身、此时、此地，于这个时代而言，都恰到好处！

是为序。

中国工业设计协会秘书长

浙江大学教授、博士生导师

应放天

2022年7月20日于生态设计小镇

前　言

PREFACE

中华文化源远流长，中华优秀传统文化是文化自信的基石。近年来，中华优秀传统文化凭借其独特的表现形式，引发了传统文化和现代审美相结合的时尚潮流，这既反映了国人对中华优秀传统文化的自信自觉，也展现出国人极具个性的自我价值和潜能，其实质是对民族强盛、国力强大的深刻回响。在这一大图景之下，高等艺术设计教育如何服务于国家战略和市场需求，培养引领文化创意产业需求的人才，迫切需要具有针对性的文创产品设计类教材，这是我们编写本书的初衷。

本书的特点，首先是注重校企合作，将当下中国最活跃的文创产品设计企业的成功案例大量引进教材，并邀请中国设计产业100强“十佳原创设计品牌”、深圳十大新锐品牌“学古”深度参与，直接将其“传家壶”真实项目作为示范案例，呈现一线设计实践项目的完整实施过程和详细内容，增强教材的实战指导作用；其次是编写中注重产教融合的课程落地，将广东轻工职业技术学院艺术设计学院开展“工学商一体化”项目制课程教学改革的经验融合到教材中；最后是体现教学内容的模块化特点，在第二章设计与实训部分，特别设定了“生活美学文创产品设计”“旅游纪念文创产品设计”“文化IP文创产品设计”三个可选项目，方便不同院校结合实际教学进度及资源情况灵活选用。

本书由“双师型”教师廖乃徵任主编，徐向荣、杨淳任副主编。在写作过程中得到广东轻工职业技术学院艺术设计学院院长桂元龙教授、“学古”孔洪强总经理、吴冬总监、“慢物质”曾令波总监、“万仟堂”蔡万涯董事长、“十八纸”刘江华总监、“哲品”刘启明首席设计官、“东方麦田”刘诗锋董事长、广州美术学院王柳庄副教授等人的指导和大力支持，书中选取了广东轻工职业技术学院和广州美术学院、上海工艺美术职业学院、深圳信息职业技术学院、苏州工艺美术职业技术学院等部分学生的优秀文创作品，在此深表诚挚的谢意！

本书同市场上绝大部分同类教材相比，在结构上特色鲜明，以先进企业的最新真实项目案例剖析为主要范例，配图精美恰当，知识点讲解简要实用。衷心希望本书能对设计类教师、学生与相关从业人员有指导意义和参考价值，因书中所能收集和整理的案例有限，加之编者的时间和水平有限，难免有遗漏和不足之处，诚请专家、读者批评指正。

廖乃徵

2023年7月

课程计划

CURRICULAR PLAN

<table>
<tr><th>章名</th><th colspan="2">章节内容</th><th colspan="2">课时</th></tr>
<tr><td rowspan="3">第一章
概念与方法</td><td colspan="2">第一节　文创产品设计概述</td><td>4</td><td rowspan="3">8</td></tr>
<tr><td colspan="2">第二节　文创产品设计原则</td><td>2</td></tr>
<tr><td colspan="2">第三节　文创产品设计方法与流程</td><td>2</td></tr>
<tr><td rowspan="15">第二章
设计与实训</td><td rowspan="5">第一节
项目实训一：
生活美学文创产品设计</td><td>一、实训概况</td><td rowspan="2">1</td><td rowspan="5">96</td></tr>
<tr><td>二、设计案例——企业作品案例</td></tr>
<tr><td>三、设计案例——学生作品案例</td><td>1</td></tr>
<tr><td>四、知识点</td><td>4</td></tr>
<tr><td>五、实战程序</td><td>90</td></tr>
<tr><td rowspan="5">第二节
项目实训二：
旅游纪念文创产品设计</td><td>一、实训概况</td><td>1</td><td rowspan="5">96</td></tr>
<tr><td>二、设计案例——企业作品案例</td><td rowspan="2">1</td></tr>
<tr><td>三、设计案例——学生作品案例</td></tr>
<tr><td>四、知识点</td><td>4</td></tr>
<tr><td>五、实战程序</td><td>90</td></tr>
<tr><td rowspan="5">第三节
项目实训三：
文化IP文创产品设计</td><td>一、实训概况</td><td>1</td><td rowspan="5">96</td></tr>
<tr><td>二、设计案例——企业作品案例</td><td rowspan="2">1</td></tr>
<tr><td>三、设计案例——学生作品案例</td></tr>
<tr><td>四、知识点</td><td>4</td></tr>
<tr><td>五、实战程序</td><td>90</td></tr>
<tr><td rowspan="2">第三章
欣赏与分析</td><td colspan="2">第一节　国内优秀文创产品欣赏</td><td>4</td><td rowspan="2">8</td></tr>
<tr><td colspan="2">第二节　国外优秀文创产品欣赏</td><td>4</td></tr>
<tr><td colspan="4">总计</td><td>112</td></tr>
</table>

注：第二章自选一个项目实训内容。

目 录

CONTENTS

第一章　概念与方法 …… **2**

第一节　文创产品设计概述 …… 2

一、文创产品设计的基本概念 …… 2

二、文创产品的文化要素 …… 3

三、文创产品的基本分类 …… 5

四、文创产品的基本特征 …… 8

第二节　文创产品设计原则 …… 12

一、兼顾美观与实用 …… 12

二、以市场为导向 …… 12

三、突出差异的创新 …… 13

第三节　文创产品设计方法与流程 …… 14

一、文创产品设计的基本方法 …… 14

二、文创产品设计的基本流程 …… 18

第二章　设计与实训 …… **22**

第一节　项目实训一：生活美学文创产品设计 …… 22

一、实训概况 …… 22

二、设计案例——企业作品案例 …… 23

三、设计案例——学生作品案例 …… 27

四、知识点 …… 29

五、实战程序 …… 37

第二节　项目实训二：旅游纪念文创产品设计 …… 86

一、实训概况 …… 86

二、设计案例——企业作品案例 …… 86

三、设计案例——学生作品案例 …… 91

四、知识点 …… 97

五、实战程序 …… 98

第三节　项目实训三：文化IP文创产品设计 …… 99

一、实训概况 …… 99

二、设计案例——企业作品案例 …… 100
三、设计案例——学生作品案例 …… 107
四、知识点 …… 110
五、实战程序 …… 112

第三章 欣赏与分析 …… 116

第一节 国内优秀文创产品欣赏 …… 116
第二节 国外优秀文创产品欣赏 …… 136

参考资料 …… 148

第一章 概念与方法

第一节 文创产品设计概述

第二节 文创产品设计原则

第三节 文创产品设计方法与流程

第一章 概念与方法

本章概述

本章首先介绍文创产品的基本概念、文化要素、基本分类及特征；然后详细讲解文创产品设计的基本原则，即以市场为导向，兼顾美观与实用，强化文化属性，突出差异的创新；最后进一步介绍文创产品设计的基本方法和设计流程。希望通过本章内容的学习，对文创产品设计有更全面及客观的认知，对文创产品设计的价值有更深入的了解，对开始进入文创产品设计充满期待。

第一节 文创产品设计概述

一、文创产品设计的基本概念

文创产品设计，顾名思义，就是文化创意产品设计，它与一般产品设计的区别在于文化创意。

（一）何为文化

“文化”一词最早出现于《易经》，“观乎天文，以察时变；观乎人文，以化成天下”，大意是指：观察天地运行的规律，以认知时节的变化；观察社会的文明礼仪，以实现融化人心、教化天下的目标。哲学大家梁漱溟先生说：“你且看文化是什么东西呢？不过是那一民族生活的样法罢了。”文化可以总结为三个主要方面的内容：1.精神生活，如宗教、哲学、艺术等；2.社会生活，如政治制度、社会组织、经济关系等；3.物质生活，如衣食住行等。简而言之，文化是一种成为习惯的精神价值和生活方式。

（二）何为设计

“设计”一词出现较早，英文中的“设计”一词起源于拉丁语，意为“画记号”。在中国古代汉语中“设计”一词也早已出现，东汉许慎的《说文解字》中有“设，施陈也。从言，从殳。殳，使人也。”会意字，本义是陈列、安置的意思；“计，会也，筭（同‘算’）也，从计。”会意字，本义是总计、计算的意思。经过较长一段时间的发展，设计的定义也不断地被更新和完善，其核心定义大多是为实现一定的目的而进行的设想规划、方案等创造性活动。

（三）文创产品设计

设计的核心是人，设计承载了对人类精神和心灵的慰藉。文化创意是基于人们精神追求和生活方式的一种创意。这个创意物化于“产品”，简称文创产品。文创产品一般是指以文化、创意理念为核心，是创意人的知识、智慧和灵感在特定行业的物化表现。简单来讲，文创产品是指具有文化内涵的创新性产品，其核心要义是对文化内容进行创新性转化。

二、文创产品的文化要素

“文化性”是文创产品区别于普通工业产品的关键。文创产品设计是构建感性意象到造型特征映射关系的过程，也是将用户需求转化为文创产品设计方案的过程。中华文化源远流长，博大精深，只有对文化要素进行深入研究，才能更好地挖掘、融合，并转化成具有民族特色的文创设计作品。

（一）传统美学要素

儒家美学、禅宗美学、道家美学三大思潮在不同时代的产生、变化和发展，以及它们之间相互对立又相互补充，深深地影响着中华儿女的日常生活。儒家主张“中和之美”，“中和之美”强调刚柔相济、润物细无声的审美趣味，在文创产品中表现为各要素之间一种平衡、和谐的关系，让使用者的心境与心理情绪达到平和；禅宗美学主张让人们回归本真，追求自然、忘我、自性清净及人生的理想境界，将生命的体验与感悟融入形式的创造之中，体现出禅宗的宁静淡泊与怡然悠远；道家美学主张真善美的和谐统一，反对矫揉造作，以道法自然为法则，崇尚自然之美，道家美学深刻地把握了美的内在本质及美学精神，成为中国原点性美学的重要组成部分。如图1-1-1所示，“灵璧”茶器的灵感源于太湖石，北宋大书法家米芾用“瘦、漏、透、皱”四字评太湖石，太湖石“瘦”在淡，“漏”在通，“透”在微妙玲珑，“皱”在生生节奏，通过对石头的研究和把玩，把赏石、玩石的审美精髓融入产品的创作之中，整套茶器由一盖碗、两个茶杯组成。碗盖以刀代笔雕刻一尊侧卧太湖石，茶杯中央也分别刻上不同形态的石头，当向杯子注入茶汤时，俨然成了一幅生动活泼的山水景观，更有赏石、玩石的趣味。如图1-1-2所示，“宝相”茶杯名字取自杯子上的“宝相”花，该花造型以牡丹、莲花为主体，花瓣呈多层次排列，具有雍容华丽而恬淡自得的美感，寓意富贵吉祥。“宝相”茶杯外壁的“宝相花”采用传统堆雕技术，宝相花以刀代笔精雕细琢而成，历时100多工时，产品轻盈通透，为个人独自享用杯子的最佳选择，可用、可赏、可把玩。

（二）地域文化要素

地域文化是指中华大地不同区域内物质财富与

图1-1-1　“灵璧”茶器　崇青尚白

图1-1-2　“宝相”茶杯　崇青尚白

精神财富的总和，是文创产品设计的灵感和基因。地域文化的成因主要是受自然地理环境、移民、行政区划、民族等的影响，在特定区域孕育而成。地域文化包括历史遗存、文化形态、审美取向、社会习俗和生产生活方式等。不同地域有不同族群，自然就形成了不同的地域文化。如果忽略了每种地域文化所具有的独创性，就会导致产品同质化现象，设计没有特色。

今天，科技发展日新月异，人们生活水平不断提高，个性化、人性化的文创产品越来越受到消费者的喜爱。从地域文化中寻找灵感，不仅可以唤起特定地域人们的共鸣，还能彰显消费者的审美趣味、个性追求。挖掘特定地域的文化要素并融合创新于产品中，不仅使地域文化得以保护和传承，还能促进经济、旅游的发展，让人们感受到地方面貌的丰富多彩，对增进各地域间的相互了解起到极大的促进作用。如图1-1-3所示，这是一款广彩镂空花瓶套，可以套在一切大小合适的器物上充当花器。观众在博物馆里观看文物时，大多只看到最后的成品，却忽视了它独特的制作工艺。这款花瓶的装饰配件需要用户自行贴上，从而再现了旧时工匠把小花瓶装饰贴在镂空花瓶上的行为，用简单有趣的互动方式让用户了解那些被遗忘的工艺，使传统工艺得以更好地传播。

（三）流行文化要素

进入21世纪以来，随着信息技术深度全球化、自媒体的蓬勃发展，在一定程度上改变了传统文化发展传承的模式，推动了新文化秩序的形成，网络文学、网红文化、二次元文化、网络游戏、流行音乐、流行影视剧、流量明星等对于当代年轻人的生活、学习、工作等方面产生了重大影响。

作为文创产品设计师，需要敏锐地捕捉当下流行的文化要素，如一些流行语、视觉符号。其中包含的“段子”“梗”，要善于利用流行文化的有利因素，在流行文化中注入有益的内容，用正确的价值导向加以引领，努力寻求流行文化和中华优秀传统文化的契合点，将其与当代青年特性结合起来，转化成极具当下流行文化特色的创意产品，既彰显年轻人的个性，又传播正能量，使青年群体以清醒的头脑、辩证的态度和敏锐的洞察力对待新生事物，真正做到“取其精华、去其糟粕”，使流行文化的

图1-1-3　广彩镂空花瓶套　广州美术学院　吴雨晗　指导：王柳庄、磨炼

正面积极意义得以发挥。如图1-1-4所示，“图案字”是传统年画及剪纸作品中经常使用的装饰技法，在文字中融合多样化的吉祥元素，形成丰富多彩、富有吉祥寓意的画面。基于这种技法，慢物质团队设计了一个有趣的中文“钱”字，其中融合了富有想象力的各种财富元素：财神、马达、摇钱树、报喜鸟、元宝花、钞票、金条，富有后现代蒸汽朋克的气息，采用特种印刷及激光镂空技术，微妙又自然地模拟出手工年画的细节温度和年代感。因为中文中的“转”和“赚”谐音，所以“转动的钱币”也寓意“赚钱”。

三、文创产品的基本分类

文创产品是一个比较广的概念，其内涵和外延在学界、业界也未形成统一的界定。从文创产品设计实践的角度来考量，目前市场上流行的文创产品大致可分为四大类。

（一）生活美学产品

“美即生活”，生活美学是指美学回归现实生活的转向，通过日常经验和审美过程结合，从感性出发来理解和分析其美的感受。它是对“日常生活审美化”与“审美日常生活化”的最佳理论诠释，也是现代美学的最终走向。生活美学产品主要是通过对生活的观察，把自己对生活方式的理解渗透到日常产品的细节中，创造出美的、引领人们品质生活的产品。生活美学产品是对生活方式和造物方式的诠释，背后蕴藏着深刻的内涵、生活仪式感等内容。如图1-1-5所示，宫扇电蚊拍是一款将中国汉族传统文化与现代生活结合的产品，其独特的设计灵感源自传统宫扇，宫扇在中国传统文化中象征着团圆友善和吉祥如意。宫扇电蚊拍不仅具备手持灭蚊功能，还能作为灭蚊灯摆放在桌面上，相比普通电蚊拍在家居环境中的突兀感，宫扇电蚊拍以一种自然、和谐的方式融入到家居环境中，它更像是一个装饰品，展现着传统文化的美感，为居室增色。

（二）文化旅游产品

从广义上讲，文化旅游产品是指经营者以满足游客多元化需求为目的，从食、住、行、游、购、

图1-1-4　旋转剪纸投影灯　慢物质

图 1-1-5　宫扇电蚊拍　东方麦田

娱等方面提供的各种物质与服务总和，为能够满足人们的文化感受和精神消费的娱乐休闲、自然风光、风景名胜等旅游资源而打造的一系列旅游活动产品。狭义的文化旅游产品，即产品创意设计视角下的定义，是指游客在旅游过程中购买的精巧便携、富有地域特色和民族特色的产品。

（三）娱乐艺术衍生品

娱乐艺术衍生品，顾名思义，就是娱乐或艺术品开发的文创产品。所谓“娱乐”，主要是指基于影视娱乐、动漫IP（知识产权）等，而“艺术”主要是基于艺术品的艺术价值、审美价值、经济价值、精神价值等。娱乐艺术衍生品来源于艺术品本身，改变了艺术品唯一性、个体性和不可复制性等属性，成为具有审美价值的可批量生产的一般性商品。如图1-1-6所示，“艺象·归宁”茶器是崇青尚白与艺术家林于思合作的艺术衍生产品，从艺术作品“归宁”中提取形象，并根据画面形象特质设计匹配的器型，加上富有艺术气息的包装，成为市场热销的批量化生产的艺术衍生品。

（四）企业与品牌文创

企业与品牌文创是指根据企业、品牌文化等创作而来的产品，主要用于展示和推广企业文化、商务礼品馈赠、互联网话题营销等。品牌联名也是目前品牌与品牌之间较为常见的合作模式。如图1-1-7所示，这是十八纸携手腾讯QQ打造的限定合作款——QQ长鹅十八纸玩具。用风琴纸艺的形

图1-1-6　“艺象·归宁”茶器　崇青尚白、林于思

图 1-1-7　QQ 长鹅十八纸玩具　十八纸、腾讯 QQ

式，将“长鹅”的“长”俏皮呈现伸缩自如的姿态，两用的创意设计——玩具和摆件，更具趣味与可玩性，希望给大家的生活带来更多的欢乐与惊喜，同时给大家带来无尽祝福。

四、文创产品的基本特征

文创产品具有普通商品特征的同时，应具有超越普通商品的特征。其不只要满足消费者物质层面的需求，更要满足消费者心理和精神层面的需求。因此，文创产品的基本特征主要包含纪念性与艺术性、文化性与时代性、经济性与实用性三大特征。

（一）纪念性与艺术性

1. 纪念性

纪念性是文创产品对情感和记忆的承载。纪念是人们在现实生活中的一种感知方式，并以这样的方式不断丰富个人和集体的文化意向，进一步形成丰富多样的人类文明。纪念性要求文创产品除了给消费者带来审美愉悦，还要帮助人们回顾历史，了解自身以及周边的世界。纪念性强调消费者与被纪念事物之间的关联性，而文创产品是将纪念性的意义赋予产品以唤醒消费者的某种记忆。

2. 艺术性

艺术性是指人们反映社会生活和表达思想感情所达到的完美程度。一件艺术品的内容与形式达到和谐统一，完美演绎“真善美”是艺术性的最高境界。文创产品的艺术性体现在产品的外在形态和内在精神的完美结合，给人们带来愉悦的感受，同时唤起人们的生活情趣和价值思考。因此，设计者在进行文创产品设计时，应当充分了解产品的材质、工艺、结构和形态的特性，同时融合文化要素，结合现代生活方式等设计出符合消费者审美趣味的作品，让消费者能从不同角度体味产品独特的艺术价值。如图1-1-8所示，古人云："印色池，唯瓷器最宜"，崇青尚白秉承对品质的苛刻要求，制作的印泥盒密封性极好，上下盖配合经由多次细心手工打磨，闭合度极高，比普通瓷器印泥盒更能持久保存印泥。盒子上盖雕刻一只鹫停驻竹林间，生动活泼，栩栩如生，艺术气息浓郁。

图1-1-8 "君语·有鹫"印泥盒 崇青尚白

（二）文化性与时代性

1. 文化性

创意产业具有很强的人文性。文创产品中的文化性是通过文创产品显现民族传统、时代特色、社会风尚等精神信息。文化性是文创产品的内核，消费者购买文创产品，从某种意义上说，不只是为了其实用性，更是消费"一种文化"和生活方式，一种由文化带来的情感溢价。文创产品注重文化传承与创新，但文化创新并不意味着一定要和传统文化相结合，也可以是多元文化的创造性组合。同时，文创产品对文化的传承与创新，应当尊重文化本体的"精神内核"，切忌捏造和篡改文化。如图1-1-9所示，坚韧不拔的青松、挺拔多姿的翠竹、傲雪报春的冬梅，它们虽系不同属科，却都有不畏严霜的高洁风格。它们在岁寒中同生，被誉为"岁寒三友"，以此比喻忠贞的友谊。"岁寒三友"茶杯外壁采用传统堆雕技术，即在制作好的坯体上涮上

图1-1-9 "心语·岁寒三友"茶杯 崇青尚白

1毫米厚的泥浆，等干燥后再在上面勾勒出“松、竹、梅”的造型，然后以刀代笔精雕细琢而成，为把玩与使用的精品。

2.时代性

文创产品设计应当兼具文化性的同时体现当代人的审美需求，立足当下，紧贴当代人的生活方式和审美习惯，而不是因循守旧，简单地复制。当前部分手工艺或民俗非遗传承难以维系，很大一部分原因就是不能适应时代潮流，与当下的生活方式脱节。国潮风的盛行，主要原因就是注重与年轻人沟通和互动，理解他们的喜爱和趣味，产品具有鲜明的时代特征，符合当下潮流的发展趋势，同时能隐约感受到文化性，意味深长。如图1-1-10所示，“月影”茶器，以移动便捷为出发点，为出行者营造一种宁静归真的品茶体验，满足随时随地品茶带来的愉悦。

（三）经济性与实用性

1.经济性

经济性是指组织经营活动过程中以最低的能耗达到最佳的效果。其主要关注的是资源投入和使用过程中成本节约的水平与程度及资源使用的合理性。文创产品的经济性是指具有较高的品价比，让不同的消费群体在选购自己喜爱的文创产品时无太大的经济压力。文创产品应顺应市场需求，在产品企划阶段就要规划好产品定位，在深入设计过程中重点把握好产品成本与设计创意之间的平衡关系，根据不同消费层级的对象，设计出不同档次的产品，让消费者有更多的选择空间，从而对产品产生好感，持续复购。只有真正进入百姓生活的文创产品才是文创产品创新设计的价值所在。

图1-1-10 “月影”茶器 哲品

2. 实用性

实用性是文创产品的基本属性。优良的文创产品不仅要引起消费者的情感共鸣，还要满足用户的日常需求。文创产品的实用性虽然不是必要选项，但应是设计者重点考量的维度，好用、易用的文创产品更能受到消费者的青睐；反之，仅有文化符号，不能满足日常生活需求的文创产品，其生命力比较短暂。如图 1-1-11 所示，这是一款以蜂窝纸芯围成底座，与金属托盘展示面组合成的桌面展示台，富有层次感的牛皮纸暖调质感与金属高冷质感碰撞出别样的视觉效果，托盘造型使得展示台轻盈有度，黑、白、棕、粉四色设计，如花朵盛开，不仅美观，而且实用。

图 1-1-11　风琴高脚托盘　十八纸

第二节 文创产品设计原则

不同类型的产品有着不同的设计原则，原则应服务于目的。就文创产品设计而言，难以归纳出一个放之四海而皆准的通用原则，因服务对象和目的不同，设计的原则也会有所差异。在一般情况下，文创产品设计应遵循以下基本原则。

一、兼顾美观与实用

美的产品不仅要满足消费者的审美需求，还要让消费者感觉到“美观的产品更好用”。因此，在文创产品设计过程中，应从消费者的行为和生活需求出发，洞察其对产品的功能需求；从消费者的感受出发，觉知其对产品的美学要求，在融入文化要素的同时，设计出符合消费者需求的既好看又好用的文创产品。然而，当前市场上大多数文创产品设计往往仅体现了“好看”，而忽略了“易用”，粗制滥造给人一种“中看不中用”的印象，这就需要设计师在美观和实用之间寻求良好的平衡，两者缺一不可。如图 1-2-1 所示，“小管”笔外观简约，笔头为仿生纤维毛，以传统制笔手法结合现代工业生产，内胆为自动供墨系统，携带方便，书写便捷，更符合当下主流年轻消费者的需求。整体外观来源于宋代镶管式毛笔样式，八棱形笔帽用于防止毛笔跌落损坏，笔管直径仅 8mm，如传统小楷笔尺寸，看起来非常接近一支传统的中国毛笔而不是钢笔，实用而又具有现代文具的设计感。

二、以市场为导向

市场导向原则强调以市场需求为出发点，力求在消费需求不断变化的进程中发现那些尚未被满足的市场空间，并通过产品的开发、价格、渠道、促销等策略去满足这种需求。文创产品需求和文创产品供给共处于市场体系中，它们之间的矛盾运动是推动文创活动发展的动力，一个文创企业能否适应文创市场的发展变化、适应到什么程度，是文创企业能否在竞争中求得生存和发展的关键。

因此，文创企业必须以市场为导向，适时进行资源合理配置，扬长避短，有针对性地开展市场营销活动，确保企业经营目标得以实现，不是有什么想法就开发什么产品，而是与市场结合开发市场所需要的产品。当然，在设计文创产品时，应该辩证地看待市场导向和文化内涵，设计出兼具文化内涵和符合市场需求的文创产品，才能引领市场发展的需求。如图 1-2-2 所示，哲品爆款产品 π 杯，正如无限不循环的数字 π 那样特别，π 杯在茶器中

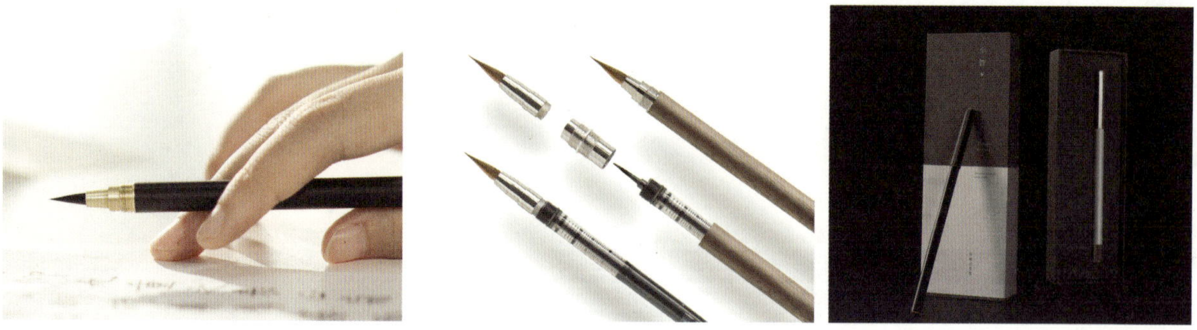

图 1-2-1 “小管”自来水毛笔 慢物质

图 1-2-2　π 杯　哲品

自成一“π”，它以市场需求为出发点，以爱喝茶的年轻人为目标，将喝茶的方式简化并时尚化，通体透明的材质让泡茶过程成为可观可感的风景。只需掐准时间按下硅胶圈上的出水按钮，清茶便干脆地流落杯中，让你随时随地都能轻松喝上一杯酣畅淋漓的好茶。

三、突出差异的创新

差异化设计实际上是一种设计创新。通过市场调研分析，根据市场需求的多样性和消费者行为的差异性，把消费者分为显性顾客和潜在顾客等不同群体，从而对产品品类进行细分定位，并从多个角度展开分析、加强判断、深入思考。例如，根据不同地域环境的变化，将地域特色的文化融入产品设计，使产品具有地域性特征，在传播和商品设计中保持地域文化特色，是实现文创产品差异创新的方向之一。又如，根据不同的消费群体的消费需求和消费心理，在文创产品创新设计时，根据消费者的特点进行差异化设计，从而实现产品的多样化和个性化，避免产品“同质化”。此外，近年来由于国潮的兴起，特别是以故宫博物院为 IP 的文创产品深受消费者的喜爱，敦煌、中国国家博物馆等相继以馆内独有藏品为 IP 进行产品创新设计，不仅传播了文化，而且各路文创产品“百花齐放，各美其美”，因此把 IP 形象与产品进行融合设计也是差异化的重要表现。

第三节　文创产品设计方法与流程

一、文创产品设计的基本方法

文创产品设计作为一种创造性活动，恰当运用一些有效的设计方法，有利于激发创新思维的产生和集聚众人的智慧，高效率形成创新文创产品设计方案。这里介绍几种基本方法。

（一）以功能为主的设计

对于文创产品来说，它与艺术品的最大差别在于它的实用性，即功能性。功能性的立足点在于消费者对使用产品的需求。在文创产品设计过程中，合理安排产品的功能以及各功能之间的关系是其中的关键一环。设计师可采用仿生、提取文物的表面肌理、质感、色彩和造型等方式，将提取的文化元素进行具象转化，结合产品的实用功能设计出日常生活中的“日用品”。如图1-3-1所示，产品设计灵感源于广东省博物馆馆藏作品清代沈铨的《耄德洪基图轴》。此画拟北宋徐崇嗣没骨法，绘芙蓉、萱花、花猫诸物，造型准确生动，用笔精细工致，设色妍丽，所绘猫捕蟾蜍的情态栩栩如生，富有立体感。作者抓住画中的猫与蟾蜍的一大一小、一静一动、一喜一恐、一上一下的对比关系，转化成这套猫福蟾·文具系列产品，其实用功能分别为订书机、打孔机以及起订器。

（二）融入趣味化的设计

“有趣”“好用”“好玩”，这体现了人们在快节奏生活状态下追求的心灵释放。文创产品中的趣味设计，从造型到功能再到人机的互动和文化层面，层层递进，将趣味设计推进到一个全新的层面。由于人群年龄、性别、知识、文化层次、社会经历等不同，对趣味的理解方式也不同。有的较注重功能方面的趣味，有的更喜爱视觉感官带给自己最直接、最直观的趣味感受，有的更注重产品本身内在的品质带给人们的真实情感体验。在人们不同诉求点的驱使下，各种层面的趣味性又得以强化，带给人们截然不同的趣味感受。在进行趣味性设计时，应着重考虑影响趣味性的因素。如图1-3-2所示，“靓女”调梅图轴女性系列产品设计灵感来源于广东省博物馆馆藏作品明代陈洪绶的《调梅图轴》。此图描绘主仆三人在炉边调梅的情景，人物仪态刻画生动微妙，各具神韵。设计师从主仆三人的发型与穿戴出发，立足当代女性爱美、追求潮流、个性化消费的特点，采用趣味化设计方法，转化成女性

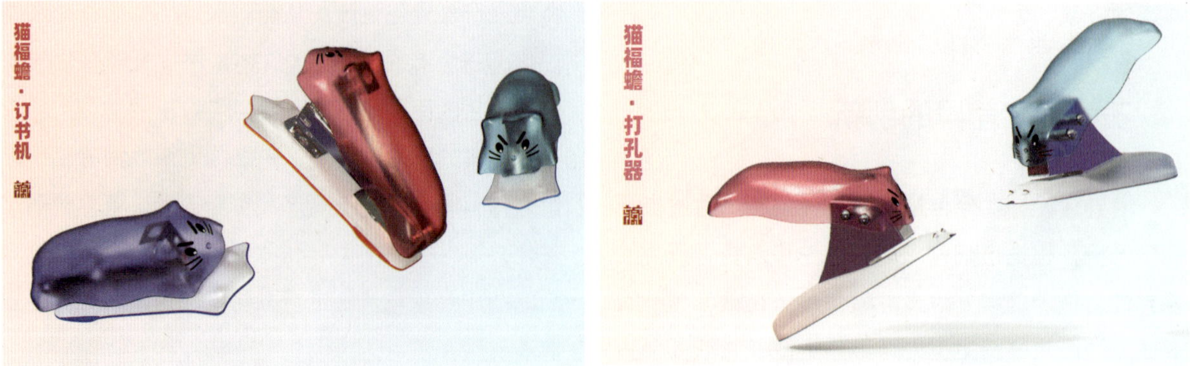

图1-3-1　猫福蟾·文具系列产品　广东轻工职业技术学院　罗法强　指导：廖乃徽

图 1-3-2 “靓女”调梅图轴女性系列产品 广东轻工职业技术学院 林敏仪 指导：廖乃徵

日常生活所需的镜子、发箍以及手机壳。夸张的图案、强烈明快的色彩，不仅从视觉感官上带给消费者有趣的感受，在使用过程中消费者还能体验到更多惊喜。

（三）基于场景化的设计

“场景时代”已经逐步改变了人们的生活，一方面我们要利用新技术新手段准确预估和把握用户需求；另一方面我们也要善于寻找合适的设计方法与路径来创新文创产品，以满足人们日益增长的高品质生活需求。在文创产品设计中，需要敏锐地捕捉到新场景所带来的新需求，在新场景、新产品以及新用户三者之间寻找平衡点，通过产品强化与用户的情感链接，无论是使用过程还是精神需求，通过产品本身调动用户的视觉、触觉以及听觉体验，去体味产品的性能，去感知设计背后的文化内涵及故事。如图1-3-3所示，崇青尚白的“悦享·同心杯”，体积小，容量刚刚好，算上杯托，杯子直径不过10厘米，即使只有一张150厘米×70厘米的办公桌，它占的面积也不到1%，几乎可以忽略不计，专为办公室喝茶而设计。

（四）演绎故事性的设计

故事性设计是指通过“讲故事”的方法来体现文创产品的文化特征，让消费者达到心灵的共鸣。“演绎故事性的设计”是文创产品设计中较为常用

图 1-3-3 “悦享·同心杯” 崇青尚白

的设计方法之一。要讲好产品设计中的故事，首先要把故事的文案架构构思清楚、合乎逻辑，根据文化的重要性来安排文案中故事的先后，发现产品中的突点、萌点、科技点等，通过一定的“梗”和消费者进行沟通。故事性设计，需充分挖掘产品的文化背景，可以是特殊的产地、非遗文化、历史溯源、优良工艺、严格的制造过程等，也可以是非遗手工艺者或设计师的独特情怀。如图 1-3-4 所示，崇青尚白的“静语·荷和”系列茶器。荷花自有“出淤泥而不染，濯清涟而不妖”的高尚品质，

图 1-3-4　“静语·荷和”系列茶器　崇青尚白

代表人的纯洁和高雅。“静语·荷和”系列茶器由一壶、壶承、盖碗、公道杯、六个茶杯构成。茶壶器型秀气灵动，壶身以刀代笔雕刻一只小鸟停驻荷塘，栩栩如生；盖碗面上雕刻一朵荷花，气韵生动；茶杯中央也分别刻上鲜叶、花蕾、荷花、莲蓬、枯叶，象征生命生生不息，周而复始。当向杯子注入茶汤时，盏中花朵在汤色的映衬下自然呈现不同的视觉效果，同时兼备了区分个人杯子的功能。整套“静语·荷和”系列茶器需耗费上千工时，釉面温润如玉，举手品茗间，盏底莲花开，是视觉与触觉的双重享受。

总之，设计师应采取多种设计方法对文创产品进行设计，使文创产品被大多数人接受，从而达到文化最大范围的传播及最广的教育意义。

二、文创产品设计的基本流程

一件产品被创造出来都会遵循一个基本相似的工作路径和大致相同的步骤，文创产品设计的基本流程分五步：市场调查及用户研究—产品定位及头脑风暴—设计草图及三维效果图表达—作品打样与小批量生产—大批量生产。

（一）市场调查及用户研究

市场调查的目的是了解市场上同类产品市场状况如何，有哪些优缺点，市场的机会在哪里。用户研究的目的是明确为谁而设计，他们已经被满足或未被满足的需求是什么，用现在通俗的话来说：“用户的痛点在哪里”，做到设计之前胸有成竹。

（二）产品定位及头脑风暴

产品定位精准与否，直接关系到后续开展设计的成效。没有明确的设计定位，就会失去产品设计的方向和目标。文创产品设计定位是进行文创造型设计的前提和基础，在整个文创产品开发设计过程中起着引领方向和目标的作用。头脑风暴阶段如同撒渔网一样，网撒得越开，设计思路就打得越开，产品创新的可能性越大。对于设计师来说，头脑风暴或许是文字描述，或许是概念草图。草图是伴随着思路的展开而进行的造型表达，有时思路也会因为在草图表达的过程中带出新的想法，两者相辅相成，螺旋上升。

（三）设计草图及三维效果图表达

设计草图既是表达，也是思维；既有感性，也有理性。在展开草图到一定时候，已经感觉到很多新鲜点子出现时，可以停下来作理性思考、比较研究，从而进一步整合优化富有创新的方案。三维效果图表达是对设计草图的进一步优化与迭代设计，让方案变得更加具体和真实。有效的三维效果图表达既可以辅助我们深入思考设计，也是重要的沟通交流媒介，可以大大提高设计效率。

（四）作品打样与小批量生产

确定最终设计方案之后，作品进入打样阶段。因为产品是六面体，是我们可以“拥抱”的对象，只有制作出三维模型，人们才能更好地切身感受到其大小、尺寸、人机关系、结构关系、组合关系、细节处理等。模型制作可以借助现代3D打印技术，既可以提高设计工作的效率，又可以更好地进行新产品评估与优化。产品设计方案通过打样评估确定之后，接下来开模具，进入小批量生产阶段。这个阶段的主要工作是测试产品各方面的性能、造型、工艺等是否达到设计的目标定位。小批量生产的产品不仅可以优化产品的生产，还可以更好地测试新产品的感召力。给目标客户群试用，收集有价值的意见进行产品再优化，为后续大批量生产做好充分准备。

（五）大批量生产

产品进入大批量生产之后，核心问题就是建立产品品质检验检测体系，确保生产的产品品质达到预定的目标。通过持续优化，进一步提高生产效率，降低成本，也为下一代产品迭代提供良好的基础和经验。

第二章　设计与实训

第一节　项目实训一：生活美学文创产品设计

第二节　项目实训二：旅游纪念文创产品设计

第三节　项目实训三：文化 IP 文创产品设计

第二章　设计与实训

本章概述

本章内容是本书的核心部分，主要目的是满足未来文创产品设计师岗位职业能力培养的需求，针对岗位的核心能力（融合创新能力、团队协作能力及自我学习能力），选择“生活美学文创、旅游纪念文创、文化IP文创”三类典型产品设计项目进行实战介绍，并通过实训，全面掌握文创产品设计的相关知识和技能。

第一节　项目实训一：生活美学文创产品设计

生活美学是人们在物质生活基本满足的条件下所产生的一种精神需要，其主旨是为了提升人们的生活幸福感而挖掘生活的审美价值，提升生活的审美品格。作为新兴的产品概念，生活美学文创产品除强调基本的使用功能之外，更注重产品所传达的文化底蕴，这是广大文创产品设计师感受最深、最容易获得用户体验和意见反馈的一类产品，故本节将其作为项目实训之一。

一、实训概况

艺术逐步和生活挂钩，在艺术和生活的相互作用过程中，生活艺术化——人们在日常生活中越来越追求美的意境；艺术生活化——艺术不仅仅限于艺术家和博物馆，正逐渐走入人们的日常生活。因此，提升生活品质是本项目的训练目标。通过本项目的训练，使学生掌握生活美学文创产品设计的要点和方法，遵循“概念提炼→创意展开→方案形成→成果发布”的程序，设计出满足用户需求、符合市场规律、具有较高创新性和审美性的生活用品。

（一）实训内容

生活美学文创产品设计。

（二）实训目的

1.通过训练，掌握生活美学文创产品设计的基本知识点。

2.学习生活美学文创产品设计的方法与程序。

3.培养团队协调、口头表达、设计表现等能力。

（三）实训重点

如何将文化元素与产品功能、造型、材料、工艺等融合创新。

（四）实训难点

确保创意落地实施，并取得良好的市场效益。

（五）学习方法

1.理论学习：采取多媒体集中学习方式。

2.实践学习：采取分组研讨、实操等方式。

3.利用智慧职教《文创产品形态设计》网络课程平台，采取线上线下混合式学习。

（六）作业要求

调研PPT一份、设计草图50张、草模多个，产品效果图、使用状态图多张，A3版面两张、工程图纸一份、外观模型一个，最终汇报PPT一份。

（七）作业评价

1.创新性：概念提炼，创新度，融合度。

2.可行性：方案落地的可实现性。

3.表现性：方案的草图表现、效果表现、模型表现及版面表现。

4.完整性：问题的解决程度，执行及表达的完善度，实现的可行性。

二、设计案例——企业作品案例

作品名称：笔墨方（图2-1-1）

设　　计：曾令波、高宽、吴海森

设计解码：传统笔墨纸砚是中国文化的精髓之一。以毛笔进行书写及绘画，是中国传统文人最重要的生活和工作方式之一。设计师尝试重新设计一套笔墨纸砚的组合装，经过精心的组合，更贴近现代审美的造型与体验设计。任何人都可以在一张A3纸的面积内，随时随地开展传统书写活动。

木盒为整块实木挖空成型，内容包括毛笔、墨、纸、砚台，以及界尺、裁刀、印泥、印盒相关配件。这些器物都在传统样式的基础上进行了重新设计，使其更容易被现代人接受。此外，还可以根据不同的客户需求，为他们定制不同的活字。活字构成了连接木盒的固定装置，同时，它可以轻松地取下来，作为书写所需的印章使用。

这是一件对中国传统民间手艺进行再设计的作品。设计者包括传统文人、当代设计师及民间手工艺人。设计团队在5年的时间里，行走30000公里，穿越半个中国，寻访笔墨纸砚领域的匠人20余人，组织跨领域的创作者进行产品创作。

作品名称：锡木作——“弥生”茶仓（图2-1-2）

设　　计：曾令波、刘志炼

设计解码：纯锡质感柔润，璀璨而温和，所制器物因其极佳的安全性、散热性及密闭性而成为日用器物的常用材料。在生活中，木材的大量使用是普遍现象。以紫光檀为例，由于其生长特性导致木材有大量裂缝、虫孔等瑕疵，全行业中，其平均使用率低于15%，边角废料普遍被作为燃料处理，造成大量浪费。“弥生”茶仓就是锡与木两者结合的产物，罐身外壁是打磨好的紫光檀残料，制作时向罐内倒入融化的纯锡，进行锡木融补。填满木材缝

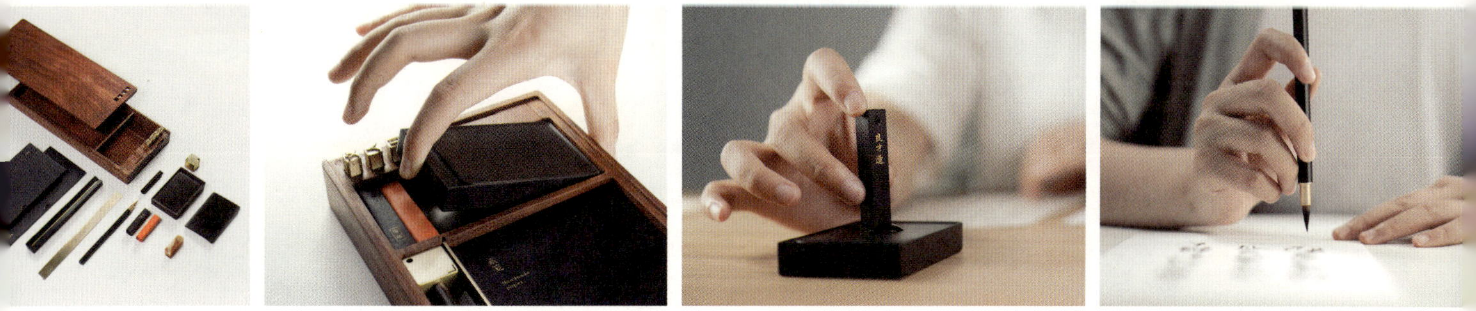

图2-1-1　笔墨方　慢物质

图 2-1-2　锡木作——“弥生”茶仓　慢物质

隙的同时，在内壁形成一层纯锡内胆，内胆和木材之间由锡液贯通，成扣合榫卯。顶盖是匹配好罐身、额外用纯锡加工制成的。将锡融化填入残破木材内部，使之融合成一个全新整体，经过层层打磨，填入部分的锡在深色木头上呈现出奔放而狂野的自然笔触。

这是一种近乎疯狂的、不可思议的创想，最终的成品富有哲学意义上的美感，它最完美之处恰恰来自它天生的缺陷，如同每个人一样，此身并不完美，借由生活与思考本身，我们有机会重新认识自身的缺陷，并让它成为独一无二的自我特质。

作品名称：锡木作——“见方”茶仓（图2-1-3）

设　　计：曾令波、刘志炼

设计解码：“见方”茶仓一改传统中式锡器烦琐造型，整体方正极简，通过精细的铸造及后期手工修饰，器物的几何外形散发出强烈的现代美学气息。铸造过程中的细微痕迹是重要的视觉要素，被特意保留，而非一味追求完美抛光。同时在外盖、内盖把手上加入木材元素，对冰冷金属质感进行调和，当它们与人手接触时，传递更细腻而温暖的触感。

外包装表面配赠一块纯锡片，用户可以亲手感受锡的材质，并可根据用户需求随意造型，做成茶则、杯垫或其他物件使用。

作品名称：“漫游”茶盘（图2-1-4）

设　　计：刘启明

设计解码：“漫游”茶盘的设计灵感源自对自然界最纯净画面的畅想，如蝌蚪游弋于卵石之间，“超级椭圆”传达生与死、美学与功能的平衡。整体轮廓为方圆结合型。顶盘采用红木材料，镂空蝌蚪型为漏水孔，底盘采用高分子复合材料，圆角处有倒水口，便于倒水与拆分顶盘清洗。以鹅卵石为雏形设计为杯垫，一大四小，配合顶盘镂空蝌蚪，如蝌蚪穿梭于石缝间。

图 2-1-3　锡木作——“见方”茶仓　慢物质

图 2-1-4　“漫游”茶盘　哲品

作品名称：“悦享·清竹”旅行套装（图2-1-5）

设　　计：廖乃徵、徐向荣

设计解码：竹子质朴而淳厚，品清而典雅，文静而怡然，是一种高尚精神和优雅品位的象征。这个组合由一壶、三杯及一茶罐组成，设计的巧妙在于对竹子造型的运用（壶与茶罐收纳时可组合成一体，三个杯子可套叠在一起，放置于壶中，节约空间，具有一定的观赏性）。整套器物选用上等瓷土制作，施青白釉色，经由1380°高温烧制而成，产品空灵而优雅。

图2-1-5　“悦享·清竹”旅行套装　崇青尚白

三、设计案例——学生作品案例

作品名称：一舟境（图2-1-6）

设　　计：廖爱萍

设计解码：小舟驻家，大隐于市。物随心转，境由心造。舟行于水上，风动而帆未动，亦或帆动而风未动，舟动而吾心不动。坐一坐，静一静，一草一木皆驻于我心。在中国艺术中，扁舟是一个重要的意象。如今，我们生活在一个喧闹的城市里，扁舟作为一个象征物，带我们走进中国艺术，离开尘世的此岸渡向精神的彼岸。

作品名称："心颂"香器（图2-1-7）

设　　计：殷新怡、许建中

设计解码：新点香一缕，颂雅致生活。"心颂"旨在将宋代香文化的精髓融入现代年轻人的生活中。香的造型提取了兰花、莲花、桂花和梅花花枝的线条，而香灰盘分别使用木、漆器、黄铜和白瓷的材质，隐喻春泥、夏池、秋月和冬雪的场景，令用户从视觉和嗅觉的交汇中品赏四季的景色。

图2-1-6　一舟境　广东轻工职业技术学院　廖爱萍　指导：廖乃徽

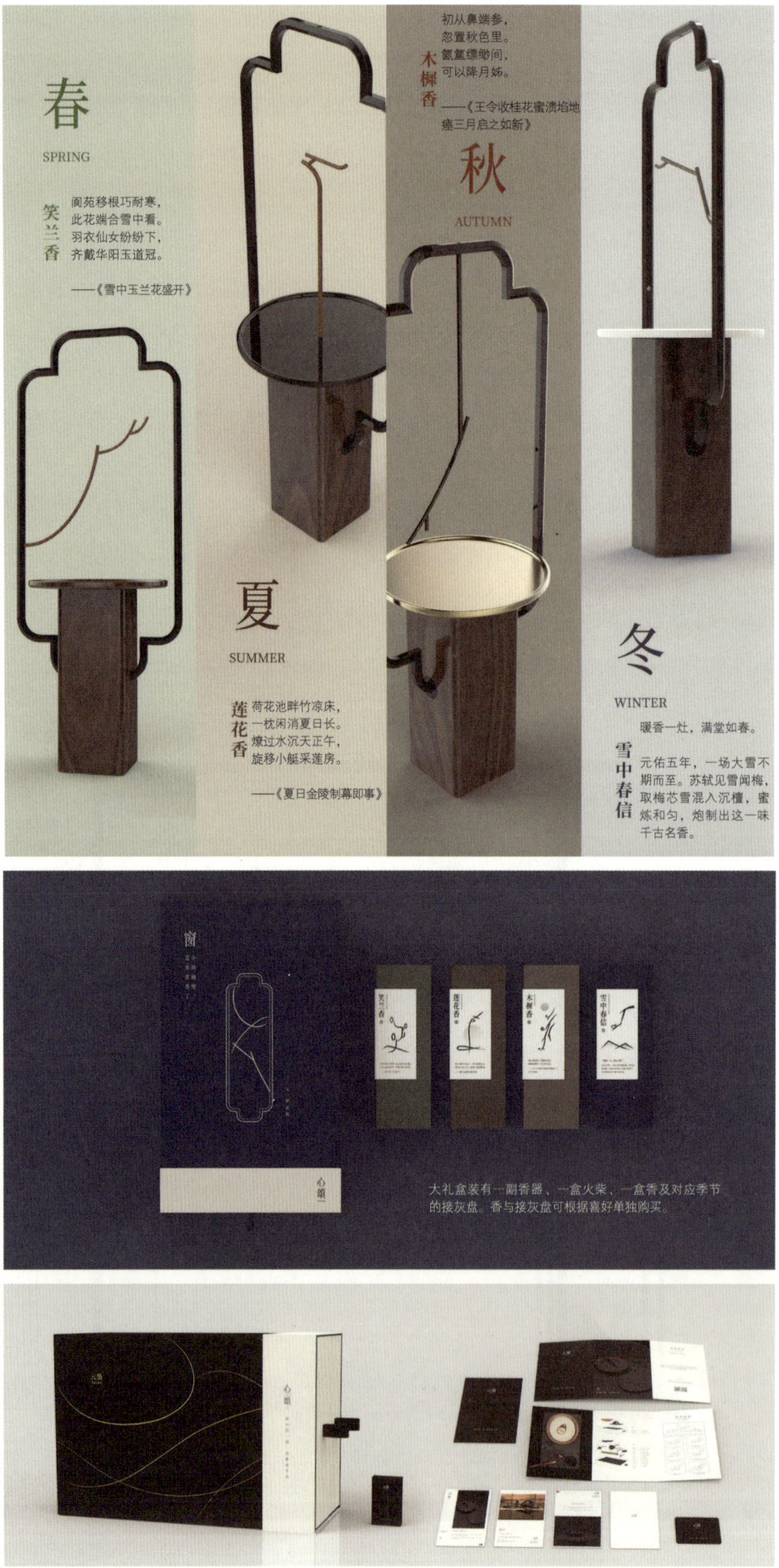

图 2-1-7　“心颂”香器　广州美术学院　殷新怡、许建中　指导：王柳庄、李健

作品名称：聚（图2-1-8）

设　　计：梁彩莲

设计解码：整套茶器的造型符号源于客家大小不一的围龙屋。大的围龙屋为茶盘，屋檐向外延伸让茶盘移动十分方便。茶盘的水平面用竹子压制而成，在蜿蜒的群山造型中做镂空处理，让多余的茶水可以自然地流入茶海中。茶壶造型简洁优雅，和四个杯子聚于茶盘之中，表达了天下客家一家亲的创意理念。

四、知识点

（一）市场调查与用户画像

1. 市场调查

市场调查是一项有计划、有组织的活动，文创产品市场调查的程序一般可分为确定调查主题及目标、制订调查计划、确定调查方法、实施市场调查及提交调查报告四个主要阶段。

图2-1-8　聚　广东轻工职业技术学院　梁彩莲　指导：廖乃徽

第一阶段：确定调查主题及目标。

市场调查活动的关键在于文创产品主题的确定，找出由主题所隐含的最关键、最迫切的问题，同时要明确调查活动完成的主要任务、目标。在确定调查主题时，应对主题进行限定，避免出现调查主题不明确、不具体的现象。当然，调查主题的界定也不能太窄、太细微，如果调查主题选得太窄，就很难通过调查反映市场状况。因此，要宽窄适中才能得出相对客观的调查结果。

第二阶段：制订调查计划。

文创产品调查计划包括资料来源、调查对象、调查方法、时间规划等内容。文创产品调查主题与调查目标确定之后，应制订一份详尽的调查计划，以便确保调查进度高效进行。

第三阶段：确定调查方法。

在文创产品市场调查中，合适的调查方法能让调查更高效。常见的调查方法有深度访谈法、直接观察法、问卷法等。在定量研究时适合采用问卷调查法，在定性研究时适合采用深度访谈或直接观察法。

第四阶段：实施市场调查及提交调查报告。

实施文创产品市场调查计划包括两个步骤：文创产品市场数据资料的收集和加工处理。资料收集是资料分析的基础，没有客观的基础数据，调查分析总结就很难抓住用户的痛点、市场的发展趋势；同样，没有科学理性并合乎逻辑的调研资料归纳分析总结，基础数据的价值也有限。

通过调查报告可以了解文创产品市场发展现状，从而根据市场提出设计策略和解决方案，对于决策者、文创产品设计师、营销人员等都具有重要的参考价值。俗话说“知己知彼，百战不殆”，文创产品市场调查报告是文创产品开发的基根，其价值不言而喻。

2. 用户画像

用户画像又称为用户角色，是一种描绘目标用户、联系用户诉求与设计方向的有效工具。用户画像指的不是一个具体的人，而是真实用户的虚拟代表，它是建立在一系列真实数据之上的目标用户模型，能完美诠释一种类型用户的信息全貌。建立用户画像的方法主要是用户研究，包括定量研究和定性研究。

现代文创产品开发设计通常都以大数据为前提，通过在相关渠道购买或获得有效的用户数据，在初步判断有市场空缺之后，通过深度用户访谈的定性研究，把用户的人口属性、社交属性、兴趣爱好、消费习惯、行为特征等信息抽象出一个标签化的用户模型，最后通过定量研究对所得到的用户画像进行验证，进一步修正对用户的画像。

用户画像的核心工作是给用户贴“标签”，当用户贴有几个“标签”时，需要考虑用户标签的优先顺序，避免产生需求冲突、失焦。纵观获得商业成功的产品案例，他们的用户画像通常都非常清晰，特征明显，体现在产品上个性鲜明、专注极致，而不是面面俱到。构建精准的用户画像，对后续展开文创产品设计以及市场营销等工作起到至关重要的作用。

中秋节是中国人很重要的传统佳节，历来有相互礼赠的习惯，而近些年中国市场的中秋节礼物缺乏新意，视觉疲劳，甚至还有些不计成本、奢华浮夸的一次性包装盒，导致了严重的资源浪费。如图2-1-9所示，这款月光白茶，本质上是一种“去包装”的设计理念：产品与包装是一个充分融合、彼此强化的整体，用户通过产品的每个细节，获得视觉、触觉、味觉方面丰富而深刻的体验。更重要的是，设计中舍弃了大量的非必要元素，让月光的美好想象以及其中承载的人与人之间的感情得到最大程度的提纯和还原。

（二）产品定位

产品定位是在文创产品设计过程中，综合各方面信息给新产品开发设定一个比较明确的方向，以

图 2-1-9　月光白茶　慢物质

确保整个产品开发过程在定位的方向上前行，不偏离轨道。

设计定位的正确与否直接关系到新产品开发的成功与失败。文创产品的定位是基于大量市场调查及用户研究的基础上而进行的简洁而具体的产品描述。

产品设计是一种发散性、不确定的思维活动，如果没有明确的设计定位，设计师很容易陷入自我满足的创想中，容易走极端，只见树木，不见森林。我们通常说设计是戴着手铐来跳舞，所谓的

“手铐”，便是产品的设计定位，在一定程度上，方向就是约束。

文创产品定位通常包含以下几种。

1. 人群定位

对于文创产品开发设计来说，首先回答“为谁而设计”很重要，要考虑性别、年龄、收入等，即上节我们所说的“用户画像”，只有有了明确的设计对象，才能做到“事半功倍”，一旦目标人群出现错位，就会导致“事倍功半”的局面。

2. 功能定位

相较于艺术品，文创产品实用价值十分重要。文创产品的使用功能不是一个笼统的概念，而是要满足消费市场一个较具体化的需求，具备良好使用功能的文创产品往往更受消费者的青睐。不同人群对产品功能的需求也不同，根据目标人群需求的特征，对拟设计的产品应具备的基本功能和辅助功能做出具体的规定，避免设计“同质化”。对于文创产品来说，其功能需求不仅是物质层面的，还是精神层面的，除了满足目标人群基本使用功能，还应深度挖掘文化价值功能，让产品不只满足人们所用，更在情感、价值观方面带给消费者更多可能性。如图2-1-10所示，对传统木雕滚印年画工具进行改良复刻，用户可自行DIY印制春节所需的利是封、招财贴等各种内容。基础材质为榉木，五金件为黄铜，用环保橡胶取代古代的木制印面，保证画面清晰稳定，用现代快干印油代替古代的水性颜料，让印刷过程更快捷简便。

3. 价格定位

俗话说，“定价定天下”，可见产品价格对于文创产品来说多么重要。尽管文创产品因其文化溢价所带来的附加价值比较多，但产品的价格定位也显得十分重要。相对来说，绝大多数消费者更愿意购买“物超所值”的商品。价格定位意味着成本计算，这对于普通设计师来说是一大挑战，成本思维应成为设计思维的重要组成部分。

4. 品质定位

一般来说，消费者在选购商品时，或许很多时候是一种冲动消费，但感性过后就是理性反应。消费者在使用产品的过程中如果发现质量不好，就会有上当受骗的感受，下次再不会考虑购买该品牌产品。以前消费者经常考虑“性价比”，随着消费市场的升级，现在消费者考虑的是“品价比”，所以产品的品质定位也尤为重要。当然，也不是一味追求高品质而导致产品价格过高，让消费者望而却步。文创产品设计，永远在创意、市场、品质中寻找最佳的平衡。

图2-1-10　茶画会·财源滚滚　慢物质

5.形态风格定位

文创产品形态风格是指文创产品形态构成的不同而表达出独特的形式，它不仅能满足消费者的购买需求、情感需求，而且可以打造品牌形象，传递品牌设计理念，形成品牌自身的风格。

产品形态风格定位源于目标用户的视觉审美需求、生活方式、生活习惯等。随着时间的变化，不同文化背景和教育背景的人对风格的认知也不一样。同一功能的产品，有些人喜欢圆润可爱的造型风格，作为设计师，需要熟练掌握如何通过形态相关要素表达这种风格特点，造型上采用双曲面、大倒角，采用高纯度色彩加小面积灰色等。有些人喜欢理性、科技的造型风格，产品造型应以直线、刚性曲线、规则形状为主，如圆柱、多边形锥体，圆倒角很小，或者是直切角，色彩上以冷色调为主，必要时再加上声、光电效果等。只有这样，才能设计出市场欢迎、消费者喜爱的文创产品。如图2-1-11所示，这是一款颠覆式的中秋礼物，其本身是一个带容器的蓝牙音箱，同时集成了LED夜灯的功能。外形被设计为一个飞碟状，上盖由超高清镜面金属制成，不同环境在镜面上留下各异的扭曲影像，让它的外观一直处于变化状态。开启上盖，内部为陨石坑，陨石坑内放置一只大号月饼。开机之后，陨石坑即缓慢旋转，外沿灯带亮起。飞碟底座为蓝牙音箱，通过控制侧面的感应装置，可滑动调节灯光大小及音量强弱。月饼被拿出后，陨石坑空腔处可放置各种小物件，甚至可以养一条小鱼，或者种一棵小型植物。如果盖上外盖，仅作蓝牙音箱使用，也是一件充满未来感的艺术装置。

（三）概念发想

文创产品概念发想的方法有很多，如模块组合法、任务驱动法、问题导向法等，最常实用的是头脑风暴法。

头脑风暴法又称智力激荡法，是文创产品概念发想阶段最常见的一种方法。它是指以小组为单位，围绕某一特定的主题，通过集体讨论发言的形式各自发想又相互启迪，让团队成员思维互相碰撞、互相启发，从而撞击出更多设计创意火

图2-1-11　月之暗面　慢物质

花，引发创意连锁反应，获得出众设计创意的方法。

头脑风暴法的核心是在短时间内集众人智慧，通过互相启迪获取更多创意。因此，在开展头脑风暴时需要注意几点原则。

1.非评价性原则

在展开头脑风暴时，团队成员应各自发挥自己的想象力，在这个过程中，团队成员不能对别人的想法作出评判，有些想法看似天马行空，甚至无厘头，但无论什么想法都是值得鼓励的，穷尽各种可能性是头脑风暴所期待的内容。

2.追求数量原则

头脑风暴的目标是尽可能产生更多创意，因为只有一定的数量产生了，才能保证一定的质量。一般来说，创意的质量和数量密切相关，产生的创意概念越多，有价值的设想可能就越多。因此，团队中每个成员都尽可能发挥想象力，多提创意，至于质量问题，可留到最后整理归类阶段去解决。

3.及时整理归类原则

头脑风暴可以分几个阶段进行。第一阶段，各自穷尽概念想法；第二阶段，每个人可以向团队分享自己满意的想法，从而启迪其他成员继续展开头脑风暴；第三阶段，在组长主持下，对前两个阶段的所有创意想法及时进行整理归类。在此基础上，归纳出团队成员最有创意的点子，如果有必要可以进入下一轮头脑风暴。

（四）形态设计

1.趣味化与产品形态

“有趣”是一种重要的吸引力，“趣”要求产品超脱于功能，给人带来自然生机的体会。“有趣”“好玩”，也体现了人们在快节奏生活状态下追求的心灵释放。将文化元素以趣味化的手法融入文创产品形态设计中，能使产品更富有人情味，更具有时代感，也更具有独特的艺术美感。趣味化产品形态设计主要有三种类型。

（1）幽默诙谐的产品形态

幽默诙谐的产品形态，能够传达自由、轻松和欢乐的气氛。幽默诙谐的设计手法和表现形式在文创产品中表现得尤为突出，能为庄重的传统文化带来亲和力，在打破庄严的同时充满人情味。如图2-1-12所示，该产品设计灵感来源于清代赵之谦的《花卉册图》。设计师将《花卉册图》中的白菜图与广东话的“发财”“麻将”作关联，设计出“闷声发大菜”的帆布图案，将石榴图与“保鲜袋”“肥的留油”作关联，设计出“肥得榴油”的帆布图案，将萝卜图与“保鲜盒”“一盒萝卜地瓜”相关联，设计出“自投箩网”的帆布图案，新设图案、幽默诙谐，让人不禁会心一笑。

（2）调皮萌化的产品形态

调皮是形容儿童机灵、玩闹，不合常规的。萌化是指通过设计使形象幼龄化、可爱化，或者将物品、动植物拟人化。通过突出儿童化特征，使文创产品造型具有活泼的生命特征，带给人们更多天真可爱的心理感受。

（3）巧思精妙的产品形态

巧思精妙是指在文创产品的形态设计上能巧妙地融入文化要素，在处理人机关系时构思独特，新颖精妙，能带给用户人性化、愉悦的心理感受。巧思精妙的产品形态设计能增添产品的吸引力和价值感，充满文化意趣。如图2-1-13所示，“光”始终是一个流动的状态、可塑的造型，给光一条流动的路径，在空间中捕捉光的形状。

由于用户年龄、性别、知识文化层次、社会经历等不同，对趣味的理解方式也不同。有的较注重功能方面的趣味，有的更喜爱视觉感官带给自己最直接、最直观的趣味，有的更注重产品本身内在的品质带给人们的真实情感体验。在人们不同诉求点

图 2-1-12　“翻转，黄金时代”趣味双面帆布袋　广东轻工职业技术学院　欧阳菀楹　指导：杨淳、廖乃徵

图 2-1-13　千曲灯　十八纸

的驱使下，在进行趣味化造型设计时，应着重考虑影响趣味性的因素和掌握趣味性设计方法。其中影响趣味性的因素主要有以下几点：

①年龄：从年龄层面出发，不同的年龄阶段对于趣味的诉求点不一样。儿童、青少年对趣味性更注重在外形和颜色上，而中老年人更注重产品本身所带来的趣味感受。

②性别：从性别层面来说，女性更喜欢温和的，而男性更喜欢简单、便捷、明快的。

③消费能力：从消费者自身消费能力层面来说，日常生活用品趣味性的设计最终是从简单的产品功能设计引入对人们情感层面的关怀，高价位的产品不一定趣味性就更加丰富。

趣味性设计方法包含从造型层面趣味设计出发、从功能层面趣味设计出发、从人机互动层面趣味设计出发，或者从综合层面趣味设计出发，这主要视产品的定位而做选择，产品最终呈现出来的趣味化倾向也会有所不同。趣味设计赋予产品情感和活力，具有趣味的产品更具有亲和力，我们要善于将相关的设计要素和设计思想融入产品的形态、功能以及人机互动与文化中，创造出更多令人感动的产品。

2.场景化与产品形态

场景是指由环境、产品和用户组成的集成系统。场景研究是指通过对情景、产品以及用户三者之间的关系来研究未来产品的可能性。在文创产品形态设计中，通过设置场景来描述用户的日常生活细节，可以帮助设计者理解用户的情绪变化、行为变化。通过观察用户在每个场景下的行为、情绪等变化，判断用户在当前场景下的行为目的，发现用户真实文化消费需求、产品与用户之间可能的交互点，从而将产品形态的设计融入用户的日常生活中，设计出真正满足用户需求的产品。

场景主要包含真实场景及测试场景。所谓真实场景，是指客观场景，通过对客观场景的洞察，找到用户在不同场景下与产品交互过程中出现的问题，并将涉及的产品形态问题转化为新造型设计的切入点。测试场景分为模拟测试场景和实际测试场景。构建测试场景可以便捷高效地发现用户在使用产品时对形态、文化等要素的感知，找出设计方案中的不足，对产品形态进行测试、评估以及迭代。

产品的形态通过导入场景进行细致观察，从而发现设计的切入点。产品形态与场景的关系不仅涉及与环境的协调性，还涉及与用户的交互性。从形态设计的要素来讲，不仅涉及产品的放置方式、体量、颜色、材质，而且涉及产品的语意功能、人性化的细节处理等要素。另外，文创产品形态除了形而下的造型要素，还有形而上的文化要素的巧妙融合，让产品不仅满足用户的物质需求，还能带给用户更多的精神享受。

3.叙事性与产品形态

早在1969年，法国学者茨维坦·托多洛夫在其发表的《<十日谈>语法》一书中首次提出：“这部著作属于一门尚未存在的科学，我们暂且将这门科学取名为‘叙事学’，即关于叙事作品的科学。”随着叙事理论的发展，叙事学理论涌向了各个领域。

20世纪90年代，叙事理论逐步被引入到产品设计中。在叙事学影响下，诞生了叙事性设计理论。叙事性设计（Narrative Design）也称叙述性设计，是指将叙事学的相关方法应用到设计中，使得设计除了实现基础功能，还能够表达某些内涵，通过设计来唤起受众内心的感受、记忆和联想。

叙事性设计是产品语境研究的重点，它通过使用语境来创造特殊的使用体验，是符号学理论与叙事学理论的结合体，被称为“讲故事的设计”。叙事性设计有两种模式：一是围绕文物故事、文化寓意讲述“诞生故事”；二是让消费者通过角色扮演体验过去的生活方式，讲述“体验故事”，即“体验设计”。

故事性设计，需要充分挖掘产品的文化内涵特征，可以是非遗文化、特殊产地、优良工艺等，也可以是非遗手工艺者或设计师的独特情怀，发现产品中的笑点、萌点、科技点等，通过一定的“梗”和受众进行沟通，让消费者达到心灵共鸣。

对于一件文创产品来说，讲故事的文案架构必须合乎逻辑，相较于一般故事文体来说，文创产品的故事必须精简压缩，突出重点和亮点，把故事中的精彩内容巧妙地融入文创产品的造型中，让产品形态的每个部分、细节来诉说背后的故事。文创产品设计师不是贴图设计师，只有懂得用“讲故事”的方法进行产品造型设计，才能彰显文创产品的价值。如图2-1-14所示，张剑的设计作品《盗宝——戒指盒设计》将传统的戒指盒重新设计成博物馆展柜的造型，戒指像珍贵的展品一样陈列在展柜中。透明的有机玻璃外罩以贯通的方式深嵌在展示内柜与外壁之间的缝隙中。最有趣的是，有机玻璃外罩有较长的高度，每次拿取戒指时，都需要小心翼翼地垂直提起有机玻璃外罩。图2-1-15是张剑的设计作品《关注花盆》。在我们的身边，所有的生命都是一场丰富精彩的故事，只要我们去关注它们，都会被它们成长的变化所打动，即使是一株在野地里生长的树苗，也不要去试图改变或打扰它的生长，仅仅为它套上一个花盆，就像我们在家中精心栽培的花卉一样，被时刻惦记和关注着。

五、实战程序

本节的“传家壶”项目属于生活美学类的实战案例，由深圳市一原科技有限公司提供。一原科技有限公司是一家以打造东方气质民用器具、传播东方人的生活智慧为使命的实体企业。人们对保温壶有着特殊的情感，一原设计团队历时5年，以东方美学的视角、国际品质标准、当代的科技材料、智

图2-1-14　盗宝——戒指盒设计　广州美术学院　张剑

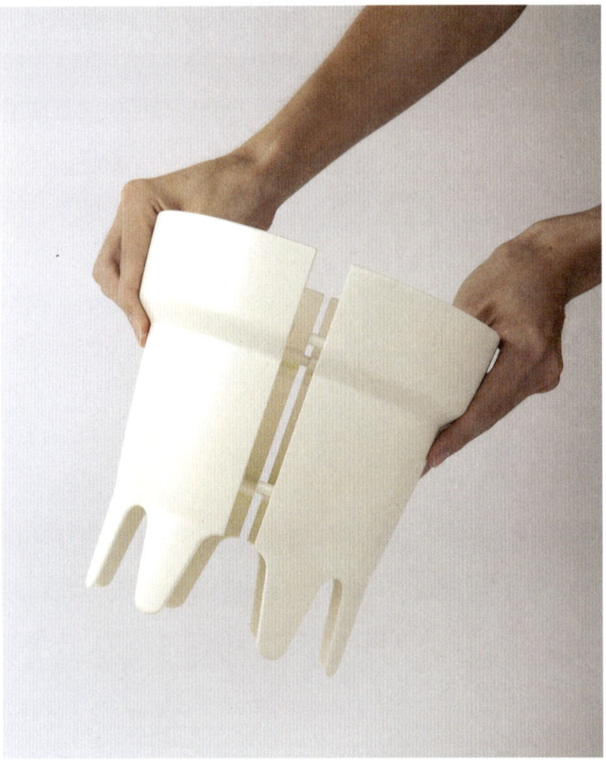

图 2-1-15　关注花盆　广州美术学院　张剑

能制造的技术，把传统的保温壶打造成适合当代人生活场景的高品质的耐用产品。

“传家壶”共获得六项外观专利、十三项实用新型专利、两项发明专利，获得包括IF、中华设计奖等国内外八项大奖，在第一代“传家壶”获得市场认可的基础上，企业参考Zippo打火机的市场策略，引入更多传统的文化元素，像竹编、漆画、雕漆、景泰蓝、錾刻等传统手工艺，打造出一个可以让传统文化应用的产品平台，让科技智造和传统文化双向赋能，也成就了“传家壶”产品平台运营思维。“传家壶”是一款典型的东方生活美学文创产品，本节将充分展现“传家壶”从立意到立项、从设计到量产、从产品到平台的全部过程，值得大家学习。

接下来的教学就以该项目为载体，结合一原科技有限公司“传家壶”的设计和运营思路，将各任务中的代表性教学内容对应说明，总学时建议为96学时，分8个任务流程。

任务一：目标设定（6学时）

1. 任务目标

研究分析前人的生活方式及当代生活场景，增强对中华传统文化、生活方式、审美趣味的自信，树立远大造物理想。

2. 任务内容

（1）阅读书籍或线上搜集前人经典民用器物，分析其背后的故事（生活需求、生活方式、审美趣味等）。

（2）实地参观博物馆，亲身感受和速写经典器物造型、装饰、材料、结构等特点。

（3）走访传统手工艺及民间艺术馆，如自然造物、融设计图书馆。

3. 任务评价

（1）器物形成的背后故事，分析深度和完

整性。

（2）当代应用的可能性分析。

4.学习步骤

（1）按4人一组的方式进行工作分配。

（2）通过各大网络平台或相关网站查阅资料，抓取相关内容信息。

（3）到博物馆、传统手工艺及民间艺术馆，深入感知、研究材料、工艺与器物的关系。

5.课后作业

对前人经典器物、传统手工艺、材料及用户画像信息进行收集、分类、整理、总结，制作经典器物、材料与工艺PPT，如图2-1-16至图2-1-25所示。

图2-1-16　传统生活场景图

图2-1-17　博物馆实地考察

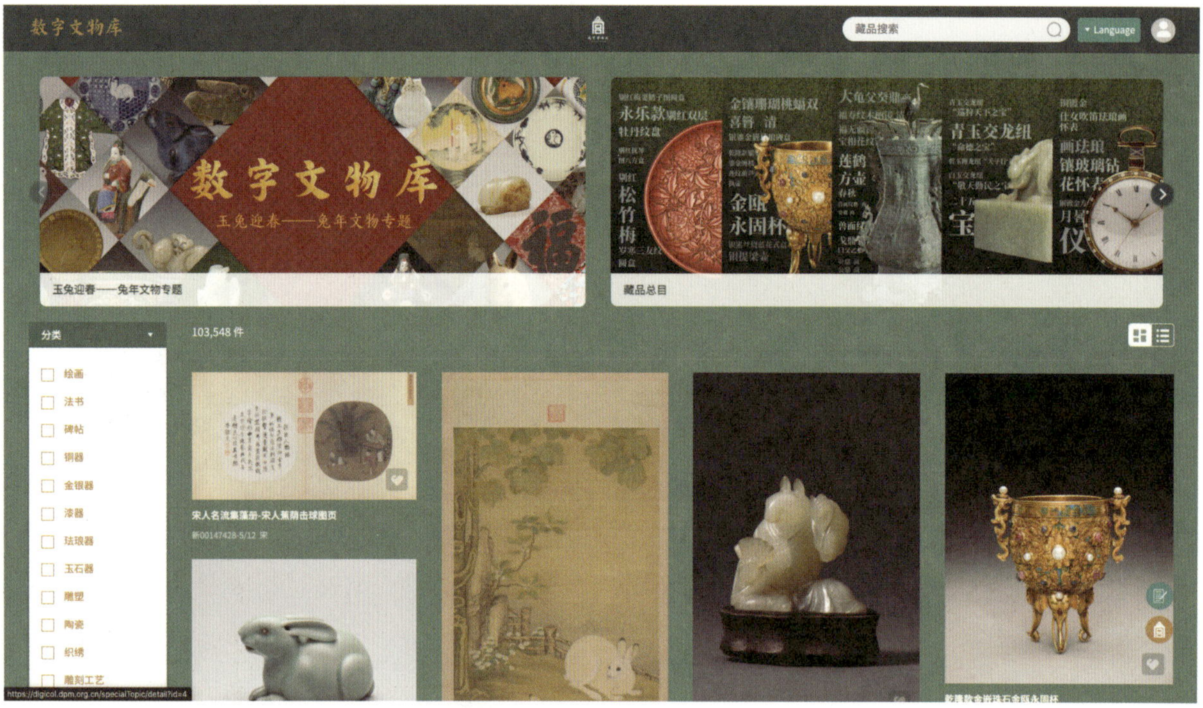

图 2-1-18　线上博物馆考察

图 2-1-19　老器物研究

图 2-1-20　老器物——曾经的流行品

图 2-1-21　老器物——整理有价值的老器物

图 2-1-22　了解非遗工艺

唐

越窑青釉执壶，唐

高14.2厘米，口径6.1厘米，足径7.4厘米。故宫博物院藏。

壶撇口，短颈，溜肩，圆腹，椭圆形圈足。

颈部一侧有八方形短流，另一侧为曲柄，壶身饰直线纹四条，将壶身分为四瓣形。壶内外施釉，釉色青中闪黄，晶莹透彻，釉面开有细小的纹片。

宋

龙泉窑执壶，宋

高7.8厘米，足径7厘米，高19.8厘米。浙江省博物馆藏。

浅盘口，细长颈，八棱形鼓腹，八角形足。颈腹间一侧装对称的弯曲细长流和扁把，另一侧装对称的双耳。腹部刻重瓣蕉叶纹，花饰繁缛，华贵富丽。斗茶碗偏爱建盏，但执壶却不拘一格，只需形神兼备，色釉如意。

元

龙泉窑青釉执壶，元

高25厘米，口径4.5厘米，足径3厘米。故宫博物院藏。

执壶直口，口下渐丰，垂腹，圈足微外撇。壶一侧置长流，另一侧置曲柄。附平顶圆纽盖。

口、足边露胎，通体施青釉。

此执壶上瘦下丰，线条流畅，收放适度，造型优美。

其釉面匀净，釉色粉青，美若天然古玉。

明

宜兴窑紫砂提梁壶，明

高17.7厘米，口径7.7厘米，南京博物院藏。

紫砂质，胎粗，壶身上有黏釉痕迹。

圆形盖，宝珠纽，盖内做『十』字形状，防止滑落。

壶直口，弧肩，球腹，平底，细流，拱形提梁。

流与腹衔接处以四叶柿蒂泥片粘接。

提梁壶造型端庄，做工规整，是迄今为止第一件完整的带有装饰性手法的早期紫砂壶。

图 2-1-23　研究老器物历史

清

宜兴窑仿钧釉茶壶，清

高19.55厘米，口径9.8厘米，足径11.8厘米。故宫博物院藏。

茶壶紫砂胎，敞口，长圆腹，浅圈足，通体施炉均釉。壶身一侧置短流，流根部开六个筛状孔，另一侧置曲柄。茶壶附伞形圆盖，盖顶置桥形纽。外底刻阳文篆体『荆溪孙渭徵制』款。

民国

宜兴窑大洋桶紫砂壶，民国

高16厘米，宽20厘米。

壶紫砂胎，敞口，长圆腹。整体包浆厚重。壶盖上有两个葫芦纹样，纹样里写有『富康』字符。外底刻有『宜兴紫砂』款。

二十世纪

铝质烧水壶，现代

图 2-1-24　了解传统手艺

图 2-1-25　对调研结果汇总

任务二：用户画像（6学时）

1.任务目标

明确文化产品用户画像（图2-1-26）。

2.任务内容

（1）用户筛选，目标用户范围设定，用户价值点预设（图2-1-27、图2-1-28）。

（2）现场挖掘真实用户的价值亮点（图2-1-29）。

（3）共创，信息梳理（图2-1-30）。

（4）明确用户定位，用户画像信息。

3.任务评价

（1）系统性：建立联系，现场沟通能力。

图2-1-26　访谈用户画像

图2-1-27　保温壶使用场景研究

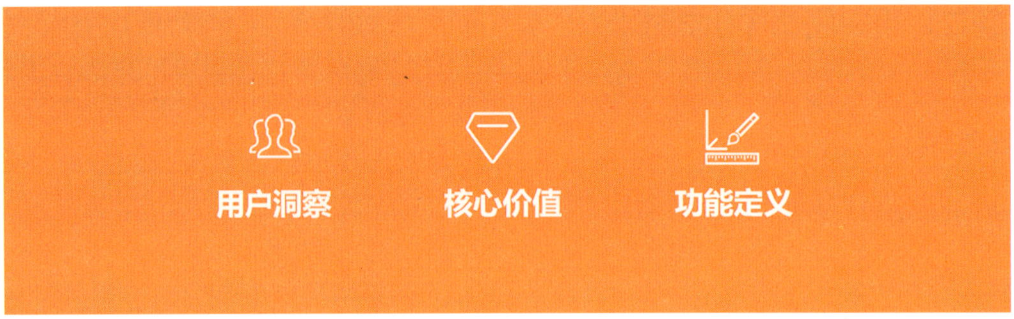

图 2-1-28　用户筛选及洞察

图 2-1-29　入户访谈记录

图 2-1-30　共创与信息整理分析

（2）感知力：同理心，挖取价值的能力。

（3）可行性：用户画像的精准性（图2-1-31）。

4.学习步骤

（1）按4人一组的方式进行工作分配。

（2）桌面调研，分析与整理简明报告（图2-1-32）。

（3）真实用户的入户调研，现场录音、拍摄、记录。

（4）共创用户核心价值提取（图2-1-33）。

5.课后作业

用户研究PPT一份。

图 2-1-31　用户精准画像

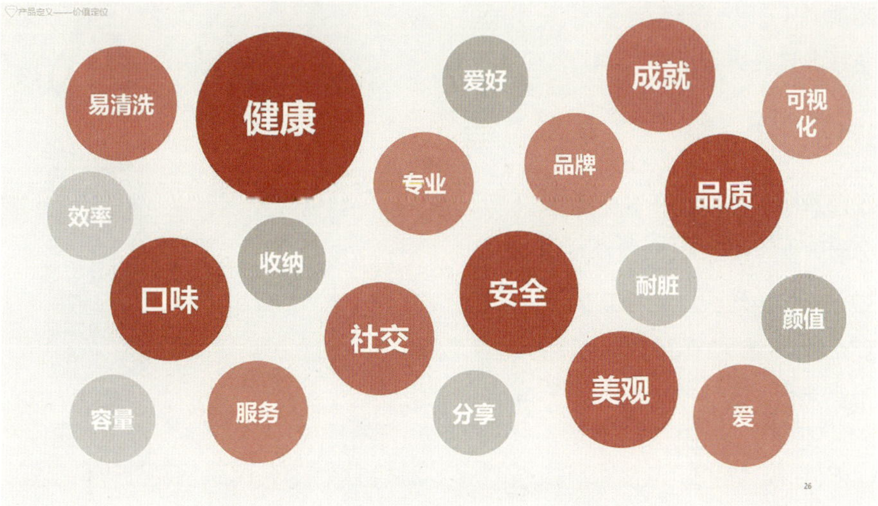

图 2-1-32　提取用户价值定位关键词

图 2-1-33　用户核心价值提取

任务三：产品规划（6学时）

1.任务目标

（1）增强对传统器物再设计的理解力，培养工匠精神。

（2）提升对新技术、新材料的认知。

（3）锻炼逆向分析能力，理解产品功能、结构、材料、工艺等相互关系（图2-1-34）。

（4）提升对传统器物文化线索的敏感度，培养严谨科学的产品规划能力（图2-1-35）。

（5）提高对经典产品再设计力。

2.任务内容

（1）研究及整理器物的缘起及进化历史。

（2）深度了解器物的构造原理、材料与工艺等。

（3）对器物深入系统研究，挖掘其文化内涵。

（4）走访CMF材料馆（如寻材问料）。

（5）明确产品定位，包含功能、构造、市场、渠道、价格等。

（6）产品再定义示例，文字描述、图片示意清晰。

①容量：通过瓶装水示例直观展示容量的含义，每

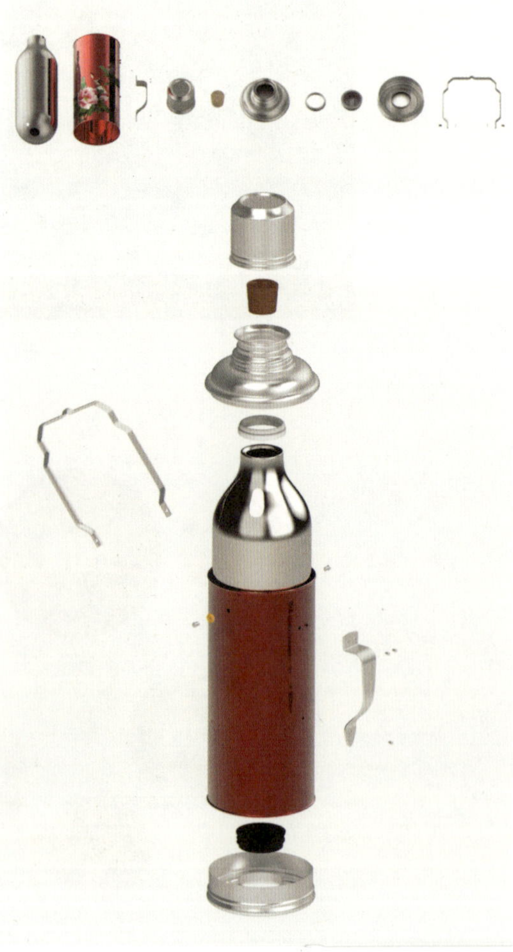

图 2-1-34　保温壶拆件

图 2-1-35　保温壶再定义

瓶纯净水为500毫升（图2-1-36）。

②瓶胆：小口大腹有助于提升保温效果。需要独立可拆卸，结构要可靠。（图2-1-37）

③温度计：冲泡奶粉、茶对水温需要感知，借鉴烹饪所使用的温度计（图2-1-38、图2-1-39）。

④壶盖：设置便捷按钮，方便控制出水的开关（图2-1-40）。

⑤瓶塞：密封材料选择，食品级，无异味（图2-1-41）。

图 2-1-36　产品再定义——容量

图 2-1-37　产品再定义——瓶胆

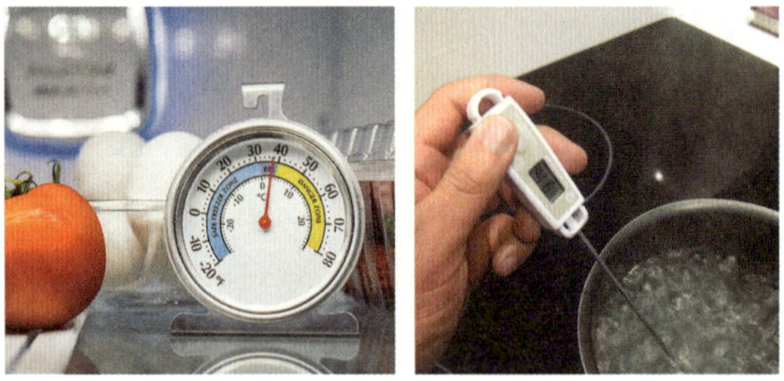

图 2-1-38　产品再定义——温度计显示

图 2-1-39　产品再定义——温度计品质

图 2-1-40　产品再定义——壶盖

图 2-1-41　产品再定义——瓶塞

⑥壶嘴：出水流畅，断水避免滴漏（图2-1-42）。

⑦壶把：持握符合人机工程学，可采用传统材料（图2-1-43）。

⑧拆装方式：产品可以方便用户拆装，以便于日常清洗，维护保养。机械结构、配合结构要有精密感、品质感（图2-1-44）。

⑨CMF设计（图2-1-45）。

⑩科技材料与现代工艺（图2-1-46、图2-1-47）。

图2-1-42 产品再定义——壶嘴

图2-1-43 产品再定义——壶把

图 2-1-44　产品再定义——拆装方式

图 2-1-45　CMF 设计

图 2-1-46　航天材料钛

图 2-1-47　钛的加工工艺

⑪传统材料与传统手工艺（图2-1-48至图2-1-50）。

图2-1-48　天青釉梅瓶　北宋

图2-1-49　竹编层盒　明末清初

图2-1-50　红漆嵌螺钿团花纹攒盒　清中期

⑫工名：包括材料标号、产品型号、序列号、产地、日期，各种文案及图形的设计（图2-1-51、图2-1-52）。

“物勒工名”是指器物的制造者要把自己的名字刻在器物上面，以方便管理者检验产品质量。它是中国古代的一种手工业管理制度，《礼记·月令》载：“物勒工名，以考其诚；功有不当，必行其罪，以穷其情”。大量刻画着工匠名字的出土文物说明这一制度起源很早，源远流长。从某种意义上说，“物勒工名”是我国最早的问责制，它不仅是产品质量的重要保障，还是传统工匠精神传承的重要保证。

⑬壶套：可以方便出行携带（图2-1-53）。

⑭包装：考虑周边产品的整体包装，可以考虑一物多用，即是收纳盒，也是便携出行的背包（图2-1-54）。

⑮专利检索：需要对所有产品定义进行专利检索（图2-1-55）。

图2-1-51　元兴元年青铜弩机　东汉

图2-1-52　物勒工名

图 2-1-53　产品再定义——壶套

图 2-1-54　产品再定义——包装

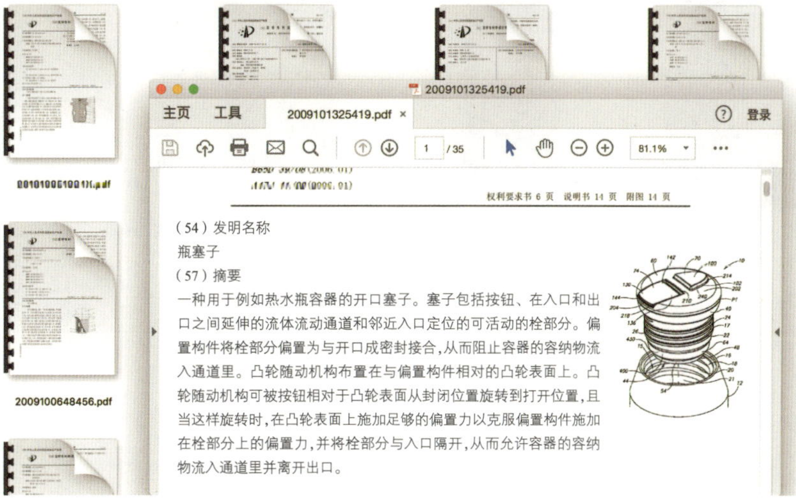

图 2-1-55　专利检索

⑯价格：市场调研，定义产品价格（图2-1-56）。

3.任务评价

（1）完整性：逆向分析的逻辑及完整程度。

（2）共情力：主题的挖掘和提炼能否引起共鸣。

（3）故事力：阐述主题故事的完整性和动人性。

（4）感知力：对新技术、新材料感知分析，归纳总结的深度和广度。

（5）可行性：产品创新设计的可实现性。

4.学习步骤

（1）搜集器物从诞生到今天发展的全过程。

（2）拆解产品，深度理解各部分之间的关系。

（3）收集同类产品，深入了解其技术原理等相关信息。

（4）CMF材料馆参观。

（5）同类产品对标分析，包含外观、价格、性能、功能、推广包装、购买渠道、需求实现等维度。

（6）深挖器物的文化内涵。

（7）讨论拟定产品定位、目标市场、人群、定价及销售渠道。

5.课后作业

围绕一个产品再定义所需要的要素，制定一份产品规划文件。

要求：对器物的历史及演化作深入研究，并拆解产品作深度了解，以PPT形式输出完成汇报文件；对器物文化线索及同类产品深入研究，以PPT形式完成产品规划文件。

任务四：重新设计（48学时）

子任务1：创意草图（18学时）

1.任务目标

（1）培养设计创新能力。

（2）培养以图形语言进行叙述的能力。

（3）训练与提高手绘能力。

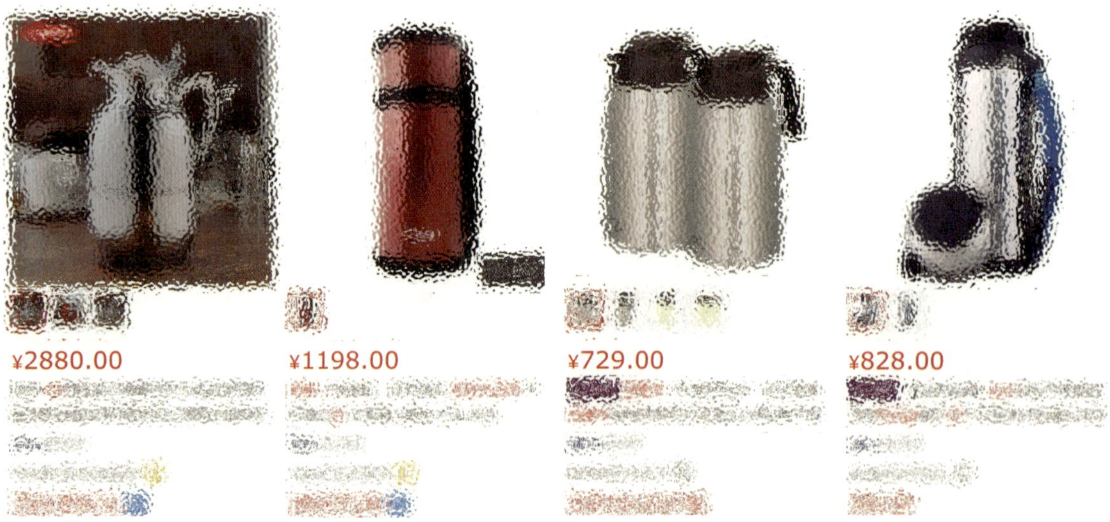

图2-1-56　产品再定义——价格

2. 任务内容

（1）用故事版方式描述所发现的问题。

（2）对发现的问题提出解决的方案，以草图方式进行表达（图2-1-57）。

（3）进行细节及各模块搭配的推敲。

（4）进行形态分析及推敲。

3. 任务评价

（1）创新性：概念提炼、创新度、融合度。

（2）可行性：方案落地的可实现性。

4. 学习步骤

（1）针对产品规划的方向，绘制故事版草图5张。

（2）进行外观创意草图发想20个。

（3）在辅导过程中，由老师挑选一个或两个有潜力的方案进行细化。

（4）对被选定的方案进行深入草图细节推敲，不少于10个细化方案。

图2-1-57　设计草图

5. 课后作业

故事版草图5张、初步草图发想20个、深入草图推敲10个。

子任务2：建模渲染（14学时）

1. 任务目标

（1）培养对立体形态的综合把控能力。

（2）培养对产品进行细节推敲、表面处理及色彩搭配的能力。

（3）培养三维建模渲染及效果图后期处理的计算机运用能力。

2. 任务内容

（1）运用三维软件进行建模渲染。

（2）对产品进行细节推敲、表面处理及色彩搭配的比较练习。

3. 任务评价

（1）完整性：三维模型制作的整体形态、细节、颜色以及工艺处理到位。

（2）可行性：方案落地的可实现性。

4. 学习步骤

（1）对选定的方案进行建模。

（2）在老师的辅导下修改并进行渲染。

（3）对产品进行细节推敲、表面处理及色彩搭配的比较分析。

5. 课后作业

提交不同角度的效果图、细节图、使用状态图多张。任务实施示范，如图2-1-58至图2-1-60所示。

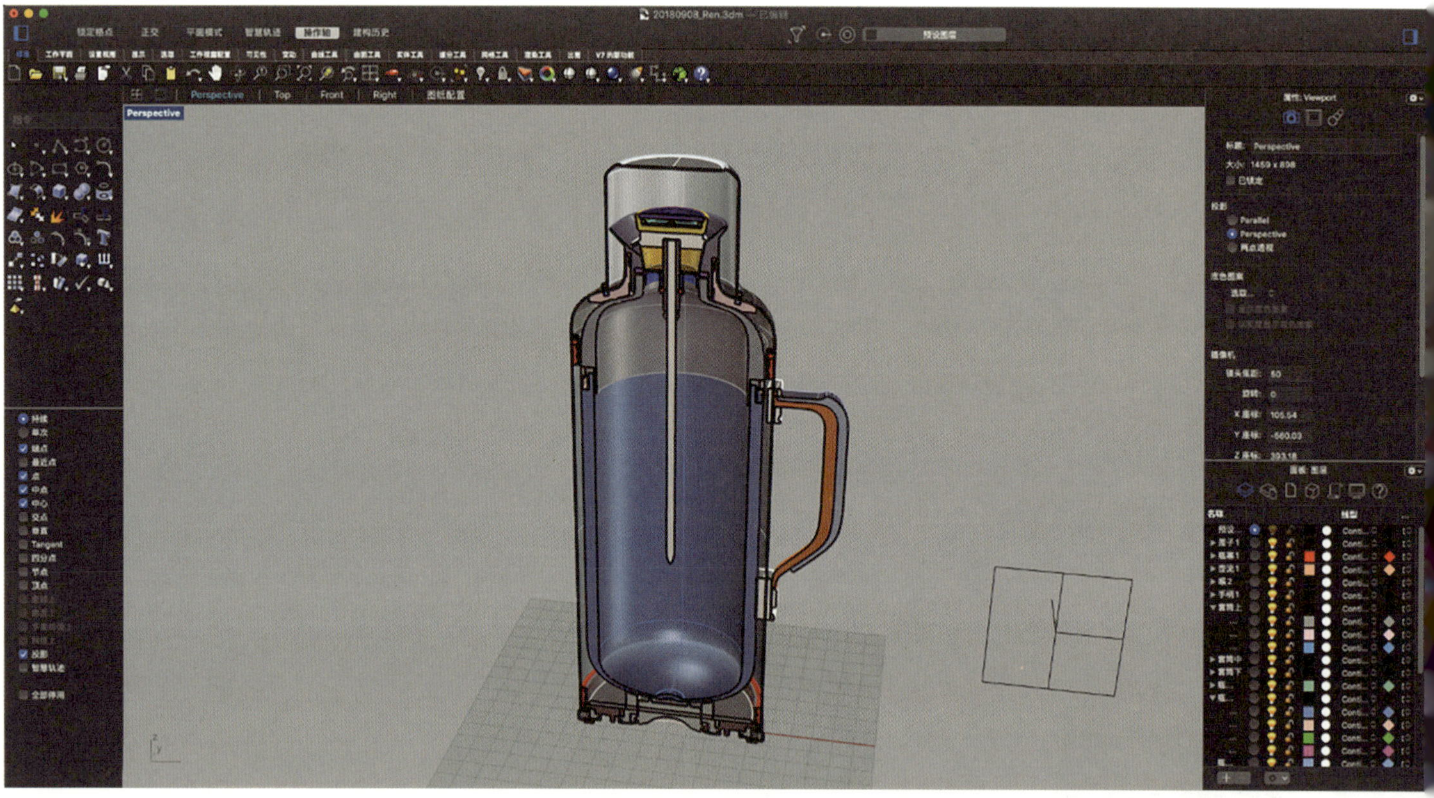

图 2-1-58　功能原型设计及测试

图 2-1-59　外观 3D 建模

图 2-1-60　效果图渲染

子任务3：模型制作与验证（16学时）

1. 任务目标

（1）培养模型制作的能力，可借助现代先进技术手段对设计模型进行快速打样。

（2）培养利用模型进行设计推敲与完善设计方案的能力。

（3）提升利用模型进行结构验证的能力。

2. 任务内容

（1）制作产品的模型。

（2）再次对产品形态、结构进行评估及推敲。

3. 任务评价

（1）完整性：产品模型制作的深入、完整度。

（2）可行性：模型制作的过程中持续修正方案的能力。

4. 学习步骤

（1）依据效果图与工程图分解模型结构件。

（2）按照选定的模型制作等比例结构件。

（3）各模型结构单元的制作及表面处理。

（4）模型的组装与效果评估。

（5）后期效果处理。

（6）验证评估。

5. 课后作业

制作产品样机模型一个，如图 2-1-61 至图 2-1-64 所示。

自变量

水量：

①50%（450mL）
②70%（630mL）
③100%（900mL）

实验壶体
（900mL）

辅助量杯

壶流：

杯型：

普通水杯

普通保温杯

奶瓶

马克杯

小水杯

类似茶杯

说明：由于实验过程长、数据大，以下实验以普通水杯（杯体透明且高度适合观察水流）为例作实验分析。

实验
控制变量：同一壶体（容量900mL），倒水速度（凭总体感觉）。
目的：比较不同壶流（以导水宽度从小到大编号）的导水情况。
对象：1号壶流。

情景		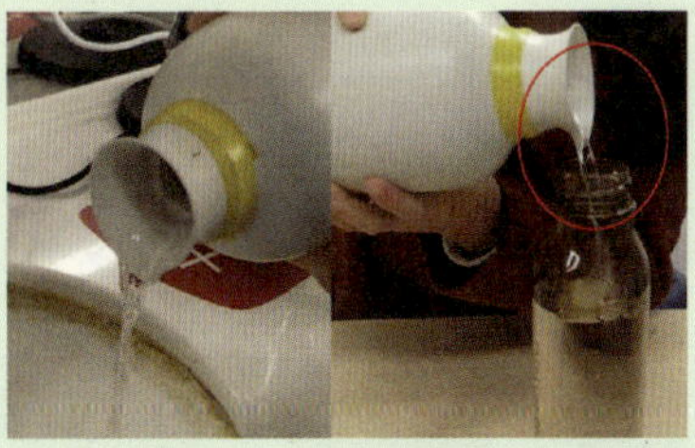	
分析	满水时，出水角度比较小，水状细小稳定，容易控制水流。	倒水时，水流容易漫过壶流宽度，水流呈面状。	接近倒尽水的时候，水流往回收，甚至水滴出杯外。

图 2-1-61　壶流测试实验 1

实验二
控制变量：同一壶体（容量900mL），100%水量。
目的：比较壶流（以导水宽度从小到大编号）出水情况。

壶流 / 情景	1	2	3	4	5	6	7
情景一	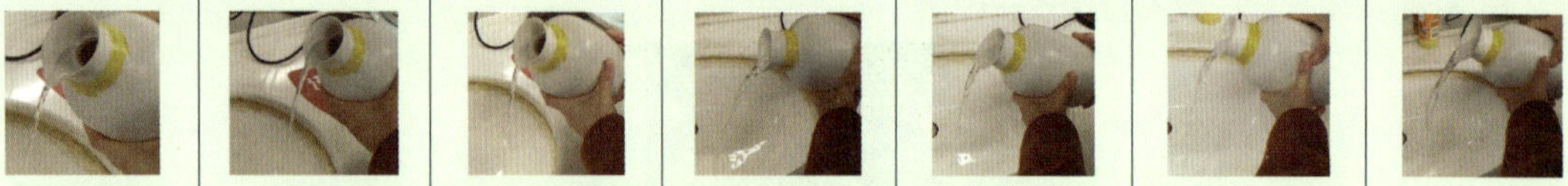						
情景二							
总结	满水时，在相同条件下使用： ①壶流导水宽度越小，出水状越细圆，导水越精准。 ②壶流的导水宽度越大，出水状越扁平，出水量越大，越难控制水流。						

实验三
控制变量：同一壶体（容量900mL），100%水量。
目的：比较壶流（以导水宽度从小到大编号）出水情况。

壶流 / 情景	1	2	3	4	5	6	7
情景一							
情景二	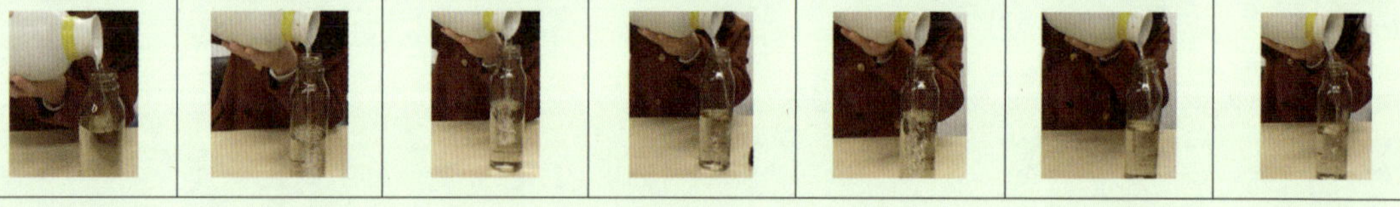						
总结	在相同条件下使用，1至3号壶流倒水时，流水容易漫过壶流导水宽度，4至7号壶流存在这种情况不明显。						

实验四
控制变量：同一壶体（容量900mL），50%水量。
目的：比较壶流（以导水宽度从小到大编号）出水情况。

壶流 / 情景	1	2	3	4	5	6	7
情景一							
情景二							
总结	①在相同条件下使用，1至5号壶流收水时，水柱出现往回收的现象，4至7号壶流存在这种现象不明显。 ②水柱往回收的程度与壶流的弯度呈正向关系，壶流弯度越大，水柱往回收的程度越大。						

图2-1-62　壶流测试实验2

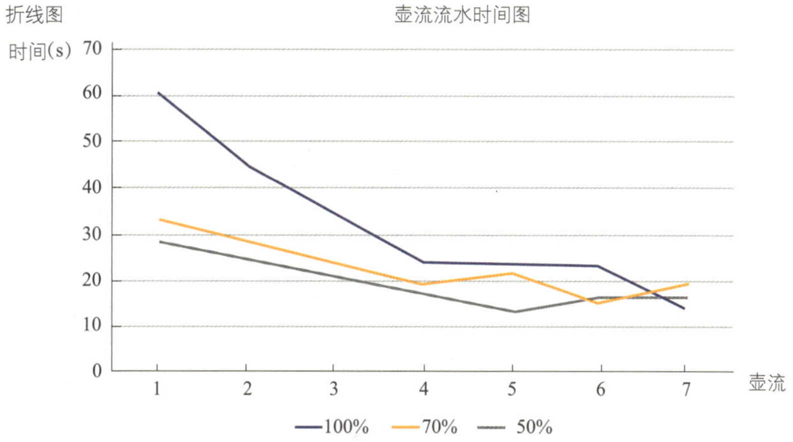

总结

①在理想状态下，壶流的导水宽度越大，倒水的流速越大。

②4至7号壶流型号的导水宽度加大对流速影响不大。

③当壶流导水宽度达到某一程度（4号：$d \approx 35\text{mm}$）的时候，流速受导水宽度影响不明显。

实验五

控制变量：同一壶体（容量900mL），倒水速度（凭总体感觉）。

目的：比较不同壶流（以导水宽度从小到大编号）对倒水流速的影响。

对象：1至7号壶流。

壶流测试实验数据表

时间（s） 壶流 / 水量比例	1	2	3	4	5	6	7	总结
100%	60	45	34	24	23	23	20	在理想状态下，壶流的导水宽度越大，倒水的流速越大。
70%	33	28	23	19	21	18	16	
50%	28	25	21	17	13	12	10	

图 2-1-63 壶流测试实验 3

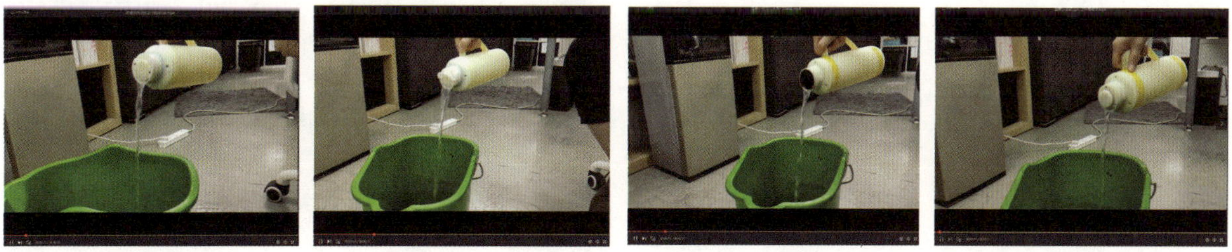

按键按压出水测试　按键往上出水　温度计按压出水测试　温度计旋转出水

图 2-1-64 草模—结构验证—功能样机测试

任务五：生产制造（8学时）

1.任务目标

（1）熟悉产品生产阶段整体流程，提升对现代生产工艺的认知。

（2）平衡设计与生产（质量）之间的关系，培养追求极致的精神。

（3）培养在生产制造中发现问题、解决问题的能力。

图 2-1-65　设计评审现场讨论

2.任务内容

（1）了解产品生产全流程。

（2）跟进产品落地，确保设计方案在落地过程中不走形。

3.任务评价

（1）纪律性：在参观及跟进产品落地过程中严格遵守工厂安全操作规范。

（2）灵活性：在方案落地过程中，能灵活处理各种新问题。

4.学习步骤

（1）设计方案落地前深入评审（图2-1-65）。

（2）参观工厂生产线（图2-1-66、图2-1-67），了解产品在生产过程中的每个重要环节。

（3）跟进生产落地，及时发现问题和解决问题。

5.课后作业

梳理出参观工厂生产全流程的注意要点，以PPT形式完成汇报。在跟进产品落地过程中，与工厂保持良好沟通并及时解决问题，以确保产品高效落地。

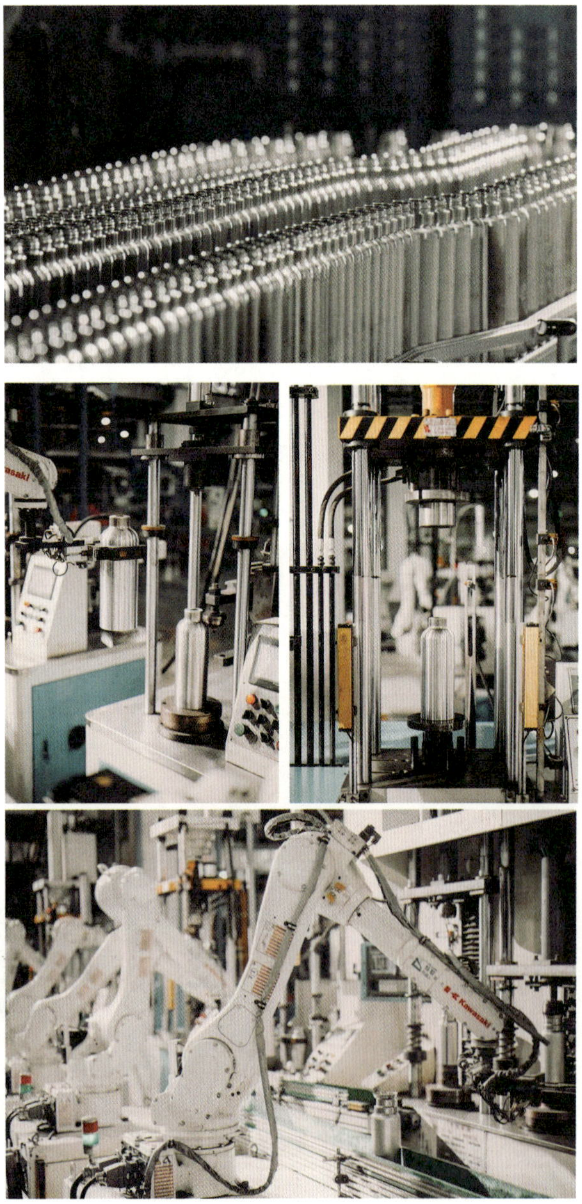

图 2-1-66　参观工厂生产线——制造

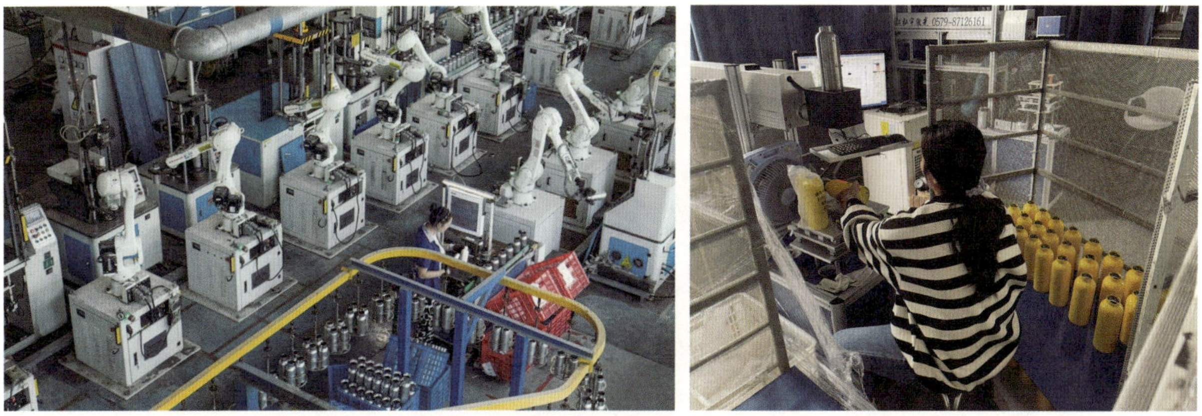

图 2-1-67　参观工厂生产线——装配

任务六：产品延展（8学时）

1. 任务目标

（1）提升在地文化及工艺的认知，增加对在地文化和工艺的自信。

（2）提升对周边文创产品的开发能力（图2-1-68、图2-1-69）。

（3）增强产品系统化思维。

2. 任务内容

（1）深入了解在地工艺与产品的关系。（图2-1-70、图2-1-71）

（2）如何通过文化附着（图案或颜色）提升产品价值（图2-1-72至图2-1-74）。

（3）延展周边文创产品开发的可能性（图2-1-75至图2-1-78）。

图 2-1-68　Zippo 品牌延展参考

图 2-1-69　暖水壶外观图案延展

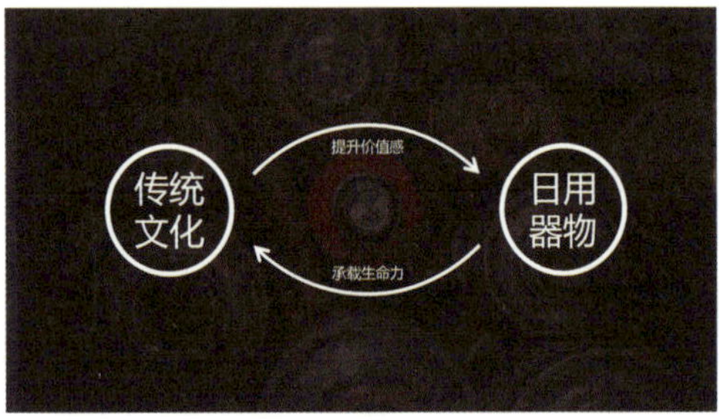

图 2-1-70　延展方向定位 1

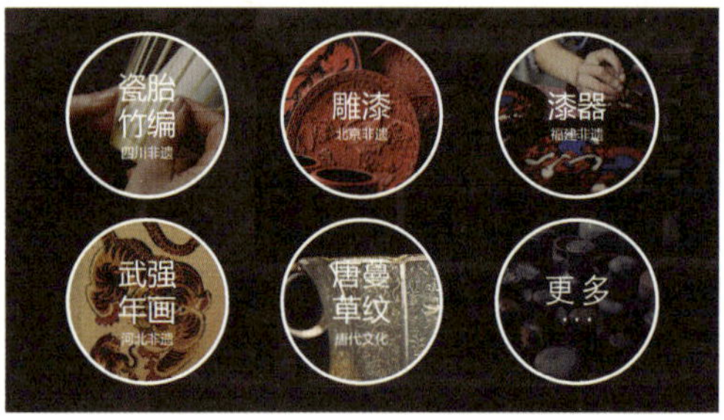

图 2-1-71　延展方向定位 2

图 2-1-72　延展——竹编款 1

图 2-1-73　延展——竹编款 2

图 2-1-74　传家壶竹编款

图 2-1-75　传家壶壶衣

图 2-1-76　传家壶延展——婚庆款

图 2-1-77 传家壶延展——虎年款

3. 任务评价

（1）创新性：概念提炼，创新度，融合度。

（2）可行性：方案落地的可实现性。

4. 学习步骤

（1）研究经典文化产品案例。

（2）参观民艺、工艺品市集。

（3）选择恰当的在地工艺及技术，提升产品的文化价值。

5. 课后作业

参观民艺、工艺品市集，对在地文化及工艺作深入研究，形成PPT报告文件，并结合产品的特点，恰当地融入在地工艺，提升产品的文化价值，并对其周边产品进行延展开发设计。

任务七：品牌策划（4学时）

1. 任务目标

（1）提升对品牌价值的认知。

图 2-1-78　传家壶延展——兔年款

（2）系统了解品牌设计的相关内容。

（3）掌握提炼品牌价值以及设定品牌调性的能力。

2. 任务内容

（1）基于产品的品牌使命和愿景策划。

（2）设定品牌调性。

（3）对品牌的整体形象进行设计。

3. 任务评价

（1）创新性：概念提炼，创新度，融合度。

（2）可行性：方案落地的可实现性。

4. 学习步骤

（1）透过产品提炼出品牌的价值主张和愿景。

（2）针对品牌的调性做可视化定义。

（3）对品牌形象进行可觉化设计。

5. 课后作业

品牌CI、VI、SI设计，形成一套品牌系统传播手册（图2-1-79至图2-1-86）。

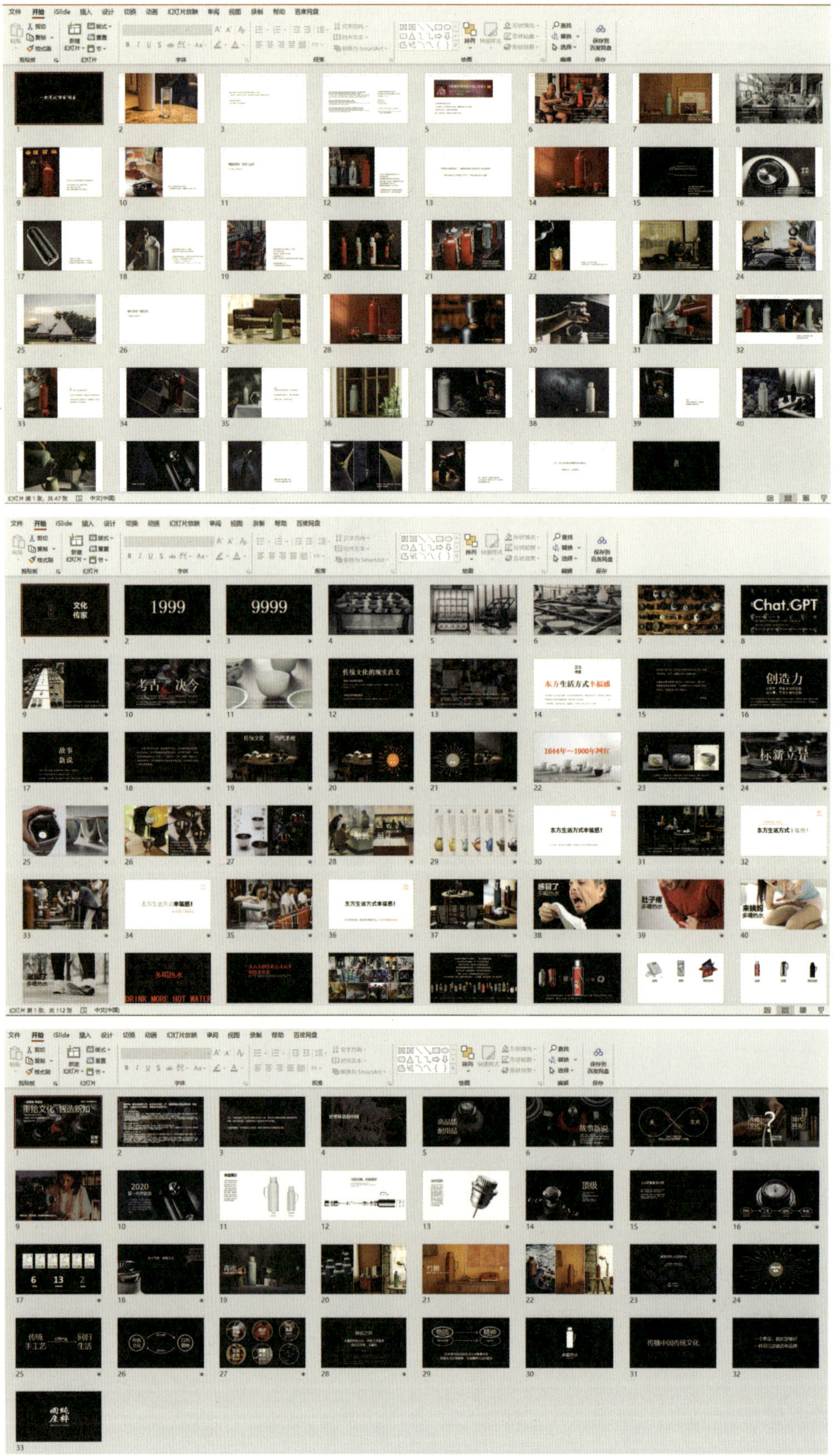

图 2-1-79　传家壶 PPT 宣传

图 2-1-80 一原品牌 Logo 形象手册

图 2-1-81　品牌节假日海报

图 2-1-82　传家壶包装策划 1

图 2-1-83　传家壶包装策划 2

图 2-1-84　虎年——传家壶策划 1

图 2-1-85　虎年——传家壶策划 2

图 2-1-86　兔年——传家壶策划

任务八：品牌传播（4学时）

1. 任务目标

（1）提升PPT制作、产品拍摄、产品动画制作能力。

（2）提高策划、拍摄短视频能力。

（3）培养整合传播思维能力。

（4）提升精准传播能力。

2. 任务内容

（1）掌握PPT制作、产品拍摄、产品动画制作的技能。

（2）学会短视频策划、拍摄、剪辑、传播的技能，提升整合传播思维，实施精准传播。

3. 任务评价

（1）适度性：PPT制作、产品拍摄、产品动画制作等与品牌调性的契合度。

（2）精准性：品牌传播的精准度。

4. 学习步骤

（1）落地产品拍摄，制作产品介绍的PPT文件。

（2）运用CAD软件制作产品动画宣传片。

（3）拍摄产品宣传推广短视频。

（4）线上线下整合精准传播。

5. 课后作业

拍摄产品照片不少于50张（带场景），制作产品推广PPT、30秒产品动画片，拍摄3个短视频，通过线上线下进行精准传播。（图2-1-87至图2-1-93）

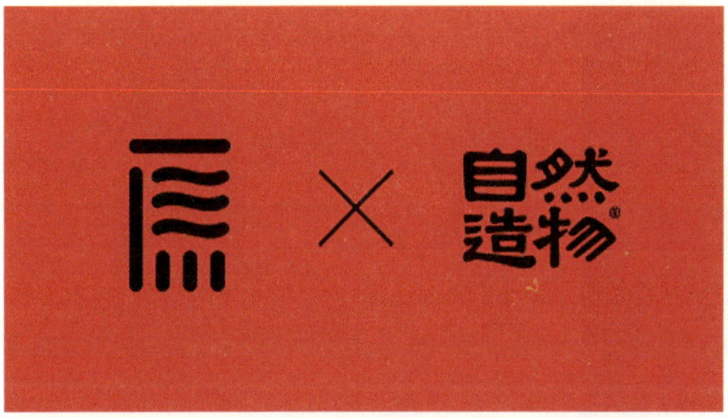

图2-1-87　一原和自然造物品牌联名海报

视频二维码

图2-1-88　传家壶受邀2021世界工业设计大会优秀设计案例演讲

图 2-1-89　传家壶赞助 2023 博鳌亚洲论坛

图 2-1-90　传家壶参加茶博会

图 2-1-91　传家壶参加草木集茶会

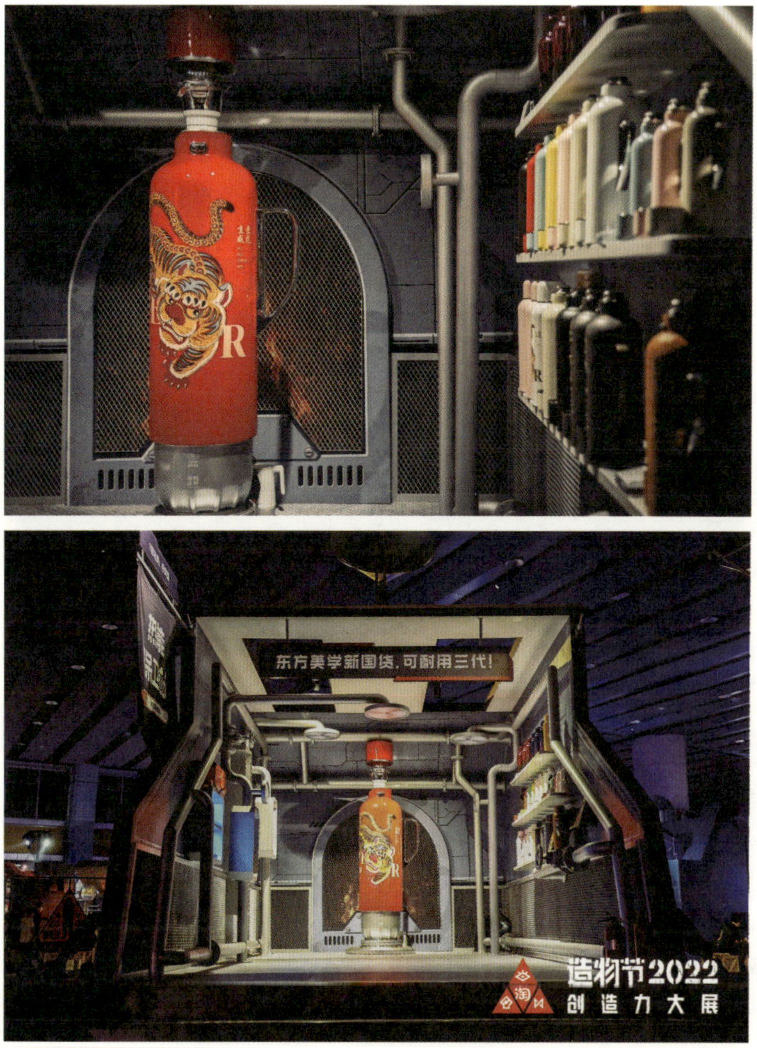

图 2-1-92　传家壶参加造物节展会

图 2-1-93　传家壶参加第四届中国设计大展及公共艺术专题展

第二节　项目实训二：旅游纪念文创产品设计

“十四五”旅游业发展规划中指出，要完善旅游产品供给体系，坚持精益求精，把提供优质产品放在首要位置，提高供给能力水平，着力打造更多体现文化内涵、人文精神的旅游精品，提升中国旅游品牌形象。新时代旅游纪念文创产品设计需要着眼于现代生活需求和审美趣味，以更加灵活多变的交互方式实现游客与产品的深度情感体验。

一、实训概况

旅游纪念文创产品设计不只要注重艺术感、技艺性和传统文化、地方特色的挖掘和创新，更要融入新的产品设计理念，以及新技术、新材料的运用。通过本项目的训练，掌握旅游纪念产品设计的要点和方法，遵循“概念提炼→创意展开→方案形成→成果发布”的程序，设计出具有强大的市场适应力和经济价值的旅游纪念文创产品。

（一）实训内容

旅游纪念文创产品设计。

（二）实训目的

1.通过训练，掌握旅游纪念文创产品设计的基本知识点。

2.学习旅游纪念文创产品设计的方法与程序。

3.培养团队协调、口头表达、设计表现等能力。

（三）实训重点

如何将在地文化元素与产品功能、造型、工艺、技术等融合创新。

（四）实训难点

确保创意落地实施，并取得良好的经济效益。

（五）学习方法

1.理论学习：采取多媒体集中授课方式。

2.实践学习：采取分组研讨、实操等方式。

3.利用智慧职教《文创产品形态设计》网络课程平台，采取线上线下混合式学习。

（六）作业要求

调研PPT一份、设计草图50张、草模多个，产品效果图、使用状态图多张，A3版面两张、工程图纸一份、外观模型一个，最终汇报PPT一份。

（七）作业评价

1.创新性：概念提炼，创新度，融合度。

2.可行性：方案落地的可实现性。

3.表现性：方案的草图表现、效果表现、模型表现及版面表现。

4.完整性：问题的解决程度，执行及表达的完善度，实现的可行性。

二、设计案例——企业作品案例

作品名称：九毛九醋瓶（图2-2-1、图2-2-2）

设　　计：廖乃徵、徐向荣

设计解码：山西醋闻名于世，设计师对山西夏县西阴遗址（中国人第一次独立支持的田野考古）所挖掘的仰韶时代的一个陶瓶重新演绎，既解决了用户在倒醋时的功能需求，也让该大众款醋瓶更具有文化韵味。另一收藏款醋瓶灵感源于山西博物院

图 2-2-1　九毛九大众款醋瓶　崇青尚白

图 2-2-2　九毛九收藏款醋瓶　崇青尚白

中庭所展示的不同书法“晋”字，将其延展于醋瓶的装饰纹样。整个瓶子造型融入天圆地方的设计理念，颇有古代晋国纵横中原、九合诸侯的气度。

作品名称： 粉黛桃儿果茶盒（图2-2-3、图2-2-4）

设　　计： 罗法强、廖乃徵

设计解码： 该产品内盒包装设计灵感源于故宫博物院藏品南宋林椿的《果熟来禽图》。之所以选择该画作演绎，主要是因为出于产品为果茶所考量。秋天是收获的季节，希望用户在享用美味果茶时，也能感受到这份硕果累累的喜悦之情。产品的外盒灵感源于天安门的拱门，通过透明材质的表达，宛如一个文物的展柜，更加凸显内在产品的珍贵，激发用户拥有它的迫切心情。内盒为铁皮材质，采用上下盖打开方式，可循环使用，环保而实用。另外，茶包的挂耳设计同样源于该藏品，期待可爱的小鸟造型能带给消费者更加有趣赏心的喝茶体验。

图2-2-3　粉黛桃儿果茶盒　鼎玉炫文化1

图 2-2-4　粉黛桃儿果茶盒　鼎玉炫文化 2

作品名称： 丽江“东巴”手表（图2-2-5）

设　　计： 郑强

设计解码： 该手表的表盘图案源于云南纳西族东巴文字，表带源于当地盛产的黄牛皮。设计师把当地最具代表性的文化元素与材料做融合创新设计，并利用当地丰富的劳动力资源进行生产制造。每只表带因纯手工裁剪而成，所以每款手表都是唯一的，售价50多元，既体现当地文化特色，又富有个性，且符合旅客游玩时观看时间以及满足手腕佩戴装饰品的需求。

图 2-2-5　丽江“东巴”手表　青鸟文化

三、设计案例——学生作品案例

作品名称：儿童“礼乐”文具设计（图2-2-6、图2-2-7）

设　　计：林碧璇

设计解码：《春秋楚王孙铜钟》和《沧海龙吟琴》是广东省博物馆馆藏的两个重要文物，作者将《春秋楚王孙铜钟》转化为儿童平时使用的书签、橡皮擦、卷笔刀；将《沧海龙吟琴》转化为刀片盒、美工刀、圆珠笔、尺子等。钟和琴是古代礼乐文化的重要载体，希望儿童在使用该产品时能潜移默化地感知其背后的故事。

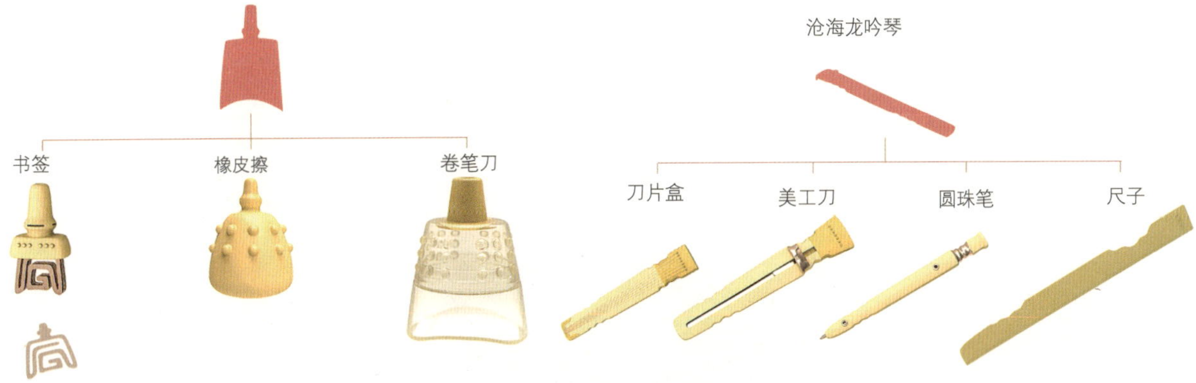

图2-2-6　设计思路

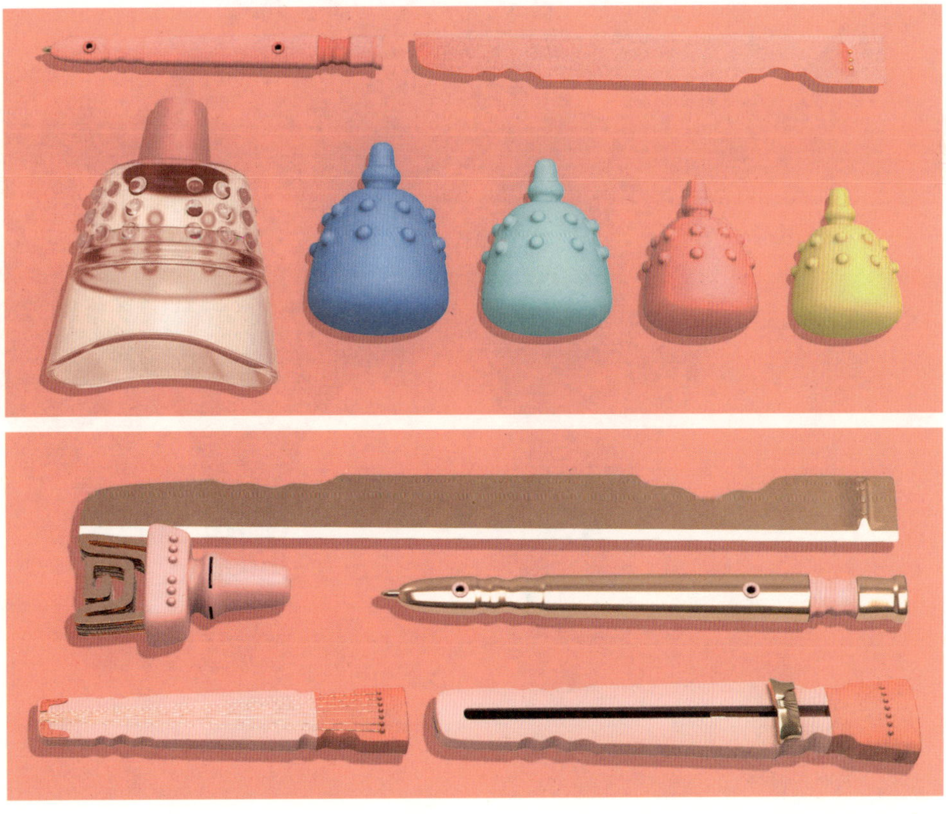

图2-2-7　儿童“礼乐”文具设计　广东轻工职业技术学院　林碧璇　指导：廖乃徵、杨淳

作品名称：西周兽面纹青铜盉红酒架（图2-2-8、图2-2-9）

设　　计：李道觉

设计解码：古时青铜器是王权和身份的象征，红酒是品位与品格的象征，作者把广东省博物馆馆藏的西周兽面纹青铜器转化成红酒架设计，酒架保留盉嘴、盉盖、板耳的典型特征，转轴可旋转15°，方便拿取红酒，简单有趣。托架部分充分考虑到与瓶身的贴合关系，产品整体造型简洁大方，有木材或亚克力两种材质供选择。

图 2-2-8　西周兽面纹青铜盉 1

图 2-2-9　西周兽面纹青铜盉红酒架 2　广东轻工职业技术学院　李道觉　指导：廖乃徵、杨淳

作品名称：“归乡”酒器（图2-2-10）

设　　计：吴浩南

设计解码：归乡，来者，客也，设酒杀鸡待之；归去，家也，相逢仍会有期。作者从客家建筑与妇女的服饰中提取典型元素，转化为一套酒器设计。这组图片中的第一张图，由左往右分别为酒杯、烛台座、分酒器、温酒器、酒杯，既有客家特色，也意味着客家人热情的待客之道。

图 2-2-10　“归乡”酒器　广东轻工职业技术学院　吴浩南　指导：廖乃徵、杨淳

作品名称： 带“馆”旅行快客杯（图2-2-11）

设　　计： 刘启森

设计解码： 广东省博物馆新馆的设计构思沿自中国精雕细琢的传统宝盒，盛载着多年累积的历史传统、智慧及文化。该套产品的设计亮点在于把广东省博物馆的建筑特征转化成茶器设计的特点，也寓意着壶内有乾坤。三个杯子套叠起来可放置于茶壶内壁，收纳和携带十分方便，是广东省博物馆首选的文创产品之一。

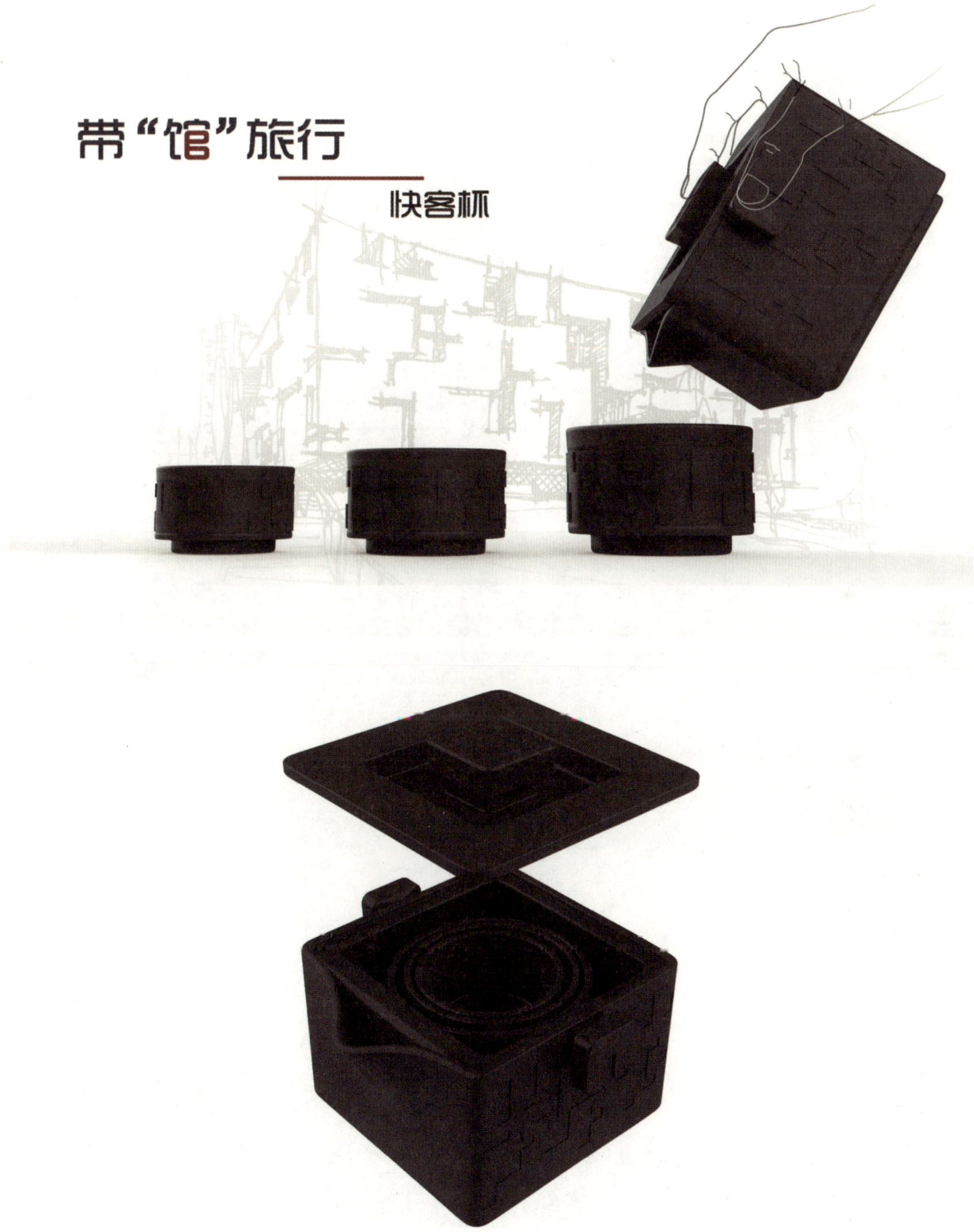

图2-2-11　带“馆”旅行快客杯　广东轻工职业技术学院　刘启森　指导：廖乃徵、杨淳

作品名称：“粤五羊”系列旅游文创产品（图2-2-12、图2-2-13）

设　　计：苏景昌、江智、汪洋

设计解码：广州也称为羊城，关于五羊，有一个美丽的传说，两千年前的广州，遍地荒芜，有五位仙人，著五色衣，骑五色羊，手拿谷穗，飞至楚庭（广州古称），仙人将谷穗赠予广州人，并“愿祝此地再无饥荒”。仙人言毕冉冉升空而去，羊化为石。三位设计师从五羊传说入手，结合来粤游客需求，设计了“粤五羊”棒棒糖、手机套、杯垫、羊角杯、小音响、充电宝等系列旅游文创产品，让游客在消费这些旅游文创产品时对广州有更深的认知。

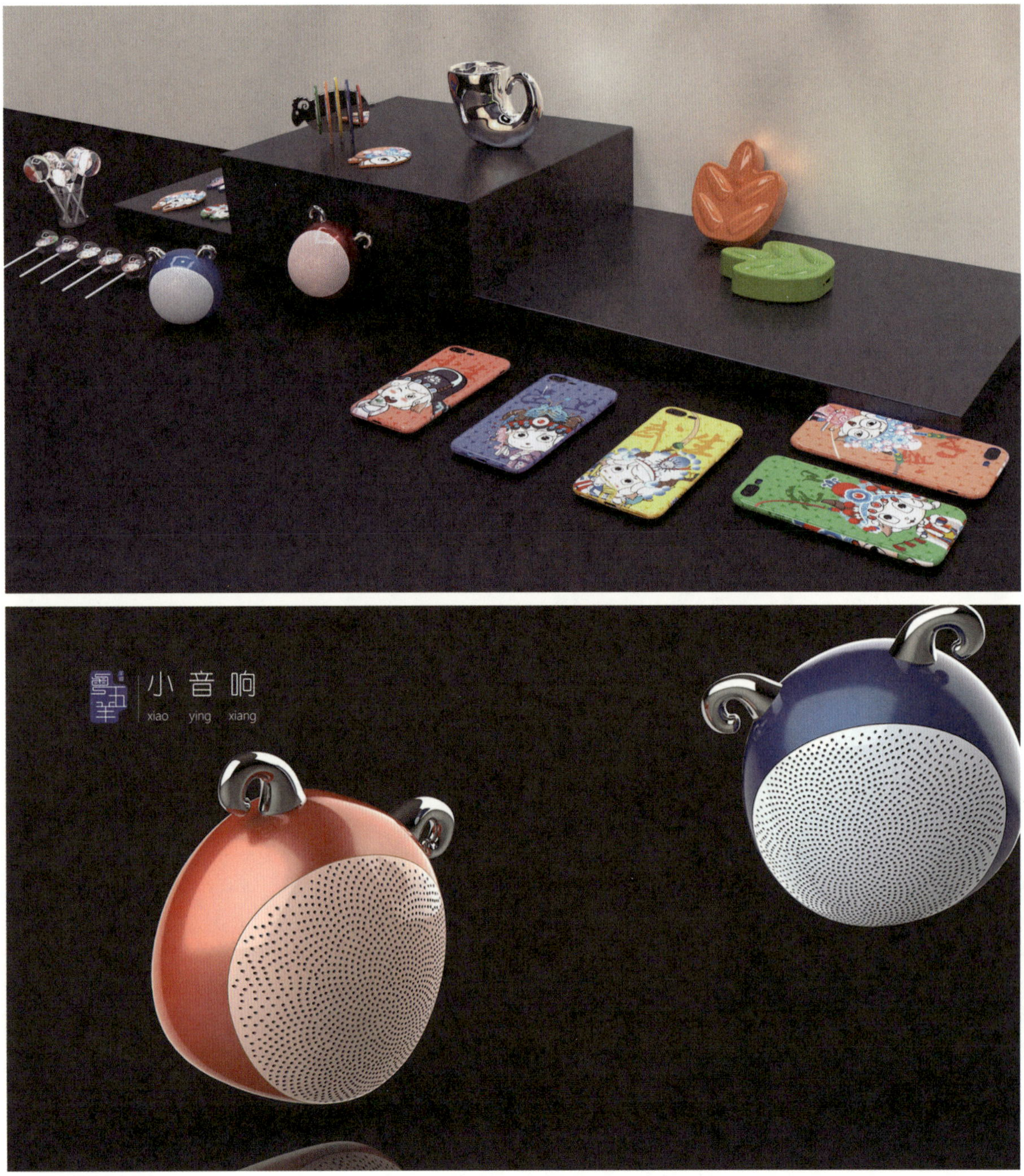

图2-2-12　“粤五羊”系列旅游文创产品1　广东轻工职业技术学院　苏景昌、江智、汪洋　指导：廖乃徵

图 2-2-13 “粤五羊”系列旅游文创产品 2 广东轻工职业技术学院 苏景昌、江智、汪洋 指导：廖乃徵

四、知识点

（一）旅游纪念文创产品的购买动机

1.实用动机

旅游纪念文创产品的实用功能越来越被消费者重视。能用、好用、易用才是产品的本质，旅游纪念文创产品也不例外。人们渐渐发现，很多旅游产品即使很漂亮，但购买回来以后并不能实际使用，于是便放在柜子里，再也没有拿出来过，这样不仅造成资源的浪费，而且对传播在地文化毫无价值。为了避免这种情况，设计师在设计旅游纪念文创产品时，需特别考虑产品实用功能的设定。人们希望能将审美功能和实用功能结合，在日常生活中不断感受旅游经历所带来的文化体验。

2.回忆动机

文化消费可以说是游客对旅游纪念品的最大需求。一般一方水土养一方人，不同地域空间的文化差异造就了在地文化的独特性和珍贵性。游客希望通过购买具有在地特色的旅游纪念品，体验和感知当地的文化，将其留作到某地后的美好旅行回忆，并可以得到人们的欣赏和尊敬。目前中国很多旅游产品文化重合性较高，特色不明显，千篇一律的旅游产品已造成资源浪费，游客的需求远远得不到满足。旅游纪念文创产品应遵循“就地取题材+就地促销”原则，打造独一无二且极具在地文化特色的产品。

3.审美动机

所谓审美观念，是指在一定时期、社会群体和地区环境中所形成的对美的基本认识和看法，以及由此指导下的审美意识、审美趣味、审美心理特征等。审美观念和社会的其他观念形态一样，受到社会生产发展水平的影响，同时对社会的整体意识形态产生作用。当前，旅游纪念产品缺乏对当代审美观念的调查和思考，没有真正弄清楚游客的审美喜好是什么，很多产品还停留在过时的审美趣味上。在现代科学技术和生产发展的情况下，人的自我意识迅速增强起来，审美意识也逐步增强，要求买到自己觉得美观的产品。新旅游纪念文创产品应顺应及引领这种审美风尚。

（二）旅游文创产品的设计要点

1.深度体验

在地体验是做好旅游文创产品的重要基础。每个地方因地理环境不同，养成的生活习俗也不同，不管自然风光也好，人文景观也罢，都有它独特的味道，而这些“味道”只有身处当地、全身心沉浸其中，与当地人作深度交流，才能抓住最根本、最能打动人心的地方。当前市场上存在许多千篇一律的旅游文创产品，就是因为缺乏在地深度体验和洞察，设计的成果走形而不走心。很多设计前期的文化研究仅限于网上检索的文字资料和图片，导致在旅游纪念产品设计上仅停留于简单的图形转化和借用，而不是多维度思考与深度体验。只有从心出发，成就于形，才能设计出经典的旅游文创产品。

2.定位精准

旅游文创产品消费对象多数为游客，从消费者的角度出发，精准定位对新产品开发十分重要。作为普通游客，在当地的消费首选是“地方特色”，这也是旅游文创产品区别于普通产品最大的不同。其次是“轻巧方便”，对于旅行者来说，移动是最频繁的行为，方便携带成为消费者是否购买的关键所在。另外，“价格公道”也是产品定位重要的内容之一，超出预期的产品价格会让游客购买行为变得犹豫不决，如果产品在整体表现不错的基础上，价格低于消费者预期时，这样的购买决策最快。总之，只有定位精准的旅游文创产品才能获得游客的青睐，只有更多的消费行为发生，才能促进在地文化的传播，从而形成新旅游文创产品开发的良性循环。

3.融合创新

文化是根，如何把在地文化与新技术、新材料、新工艺融合创新设计，让新旅游文创产品更有时代气息、现代风貌，让更多游客消费，从而喜欢在地文化，这是当代旅游文创产品创新设计的重要课题。目前市场上大多数旅游文创产品还是传统手工艺，这些产品更多的是从审美、手艺的角度来展现其价值，与当前大多数年轻一代游客的需求和趣味有一定距离感。近些年国潮兴起，一方面体现出消费者对中华文化的自信，另一方面呼唤着更多具有现代气息的文化产品产生。其中最重要的方法就是融合新技术、新材料进行创新设计。通过融合新技术，让旅游文创产品变得更加智能实用，从而增强消费者的审美体验，让旅游文创产品活在当下、火在当下。

五、实战程序

本章的旅游纪念文创产品的实战程序，与生活美学类的实战程序类似，本节就不具体展开示范，详细可参照生活美学“传家壶”项目的实战示范，结合自选项目变通实施。但基于购买场景及消费者的特殊性，这类项目在进行实战时要特别重视旅游纪念文创产品策略研究。

优良的旅游纪念文创产品开发设计不是想当然的事情，是理性分析和感性创作的结果。产品策略研究是新产品开发的重要一环，包括主题规划、人群分析、市场机会等。主题规划必须与在地特色文化相结合，游客类型是知识学习型还是参观游览型，或者是体验消费型？他们可能消费的代表性产品是什么？产品的价格期间是多少？产品定位是曝光引流、话题传播还是销售主力？可送礼、可自用、可彰显品牌调性产品？在开展设计之前，需要对新开发产品策略进行深入研究，只有产品定位清晰、设计目标明确，才能更有效地进行新产品开发设计，才能受到游客的欢迎，才能获得良好的市场效益，形成可持续设计开发闭环。

第三节　项目实训三：文化IP文创产品设计

IP即“知识产权”（Intellectual Property），在《2018中国文化IP产业发展报告》中，对文化IP作出如下阐释：文化IP特指一种文化与产品之间的连接融合，是有高辨识度、自带流量、强变现穿透能力、长变现周期的文化符号，我们将这样的文化符号称为“文化IP”。文化IP的形成是文创产品设计发展的高级形式，在传统文化中提取具有代表性的文化基因，从而形成具有特色的文化符号。

一、实训概况

文化IP作为文化创意产业新的文化生产方式，与一般IP强调经济价值不同。文化IP注重深入挖掘文化价值与传统文化脉络，通过多领域的跨界共享，在一定程度上突破文创产品传统的设计方法，紧紧围绕文化IP本身进行顶层设计布局，通过多样化的内容渠道、整合产业链广泛触达消费者，不断更新延长文创产品的生命周期。通过本项目的训练，掌握文化IP的要点和方法，遵循“概念提炼→创意展开→方案形成→成果发布”的程序，设计出具有符号性、故事性、体验性特征的文化IP文创产品。

（一）实训内容

文化IP文创产品设计。

（二）实训目的

1.通过训练，掌握文化IP文创产品设计的基本知识点。

2.学习文化IP文创产品设计的方法与程序。

3.培养团队协调、口头表达、设计表现等能力。

（三）实训重点

如何将文化IP与产品功能、造型、工艺、技术等融合创新，持续更新延长文创产品的生命周期。

（四）实训难点

确保文化IP创意落地实施，并取得良好经济效益。

（五）学习方法

1.理论学习：采取多媒体集中授课方式。

2.实践学习：采取分组研讨、实操等方式。

3.利用智慧职教《文创产品形态设计》网络课程平台，采取线上线下混合式学习。

（六）作业要求

调研PPT一份、设计草图50张、草模多个，产品效果图、使用状态图多张，A3版面两张、工程图纸一份、外观模型一个，最终汇报PPT一份。

（七）作业评价

1.创新性：概念提炼，创新度，融合度。

2.可行性：方案落地的可实现性。

3.表现性：方案的草图表现，效果表现，模型表现及版面表现。

4.完整性：问题的解决程度，执行及表达的完善度，实现的可行性。

二、设计案例——企业作品案例

作品名称：三星堆·快客杯（图2-3-1至图2-3-3）

企　　业：厦门万仟堂艺术品有限公司

设计解码：古人塑造面具去震慑恶鬼、消除瘟疫，这种面具文化被称为傩。面具给人以凝重庄严之感，这种力量可以穿越千年而丝毫不减。如图2-3-1所示，以三星堆青铜大面具为创作灵感，提炼其独特的眼睛造型，通过现代设计语言去构建茶具形态，赋予现代茶具独有的魅力与价值。该茶具套组有一壶两杯，采用一体叠套的结构设计，化繁为简，收纳方便，满足人们便捷喝茶的需求。壶身的整体轮廓是从青铜大面具的形状演变而来的，在壶口边缘做了一个类似盖碗翻边的结构，既不破坏整体造型，又能防烫。壶嘴做了翻边的结构，出水畅快，断水利落，盖钮从青铜纵目面具的眼柱演变而来。产品施窑变绿斑釉，提取青铜色值研发的绿斑釉，窑变自然形成点状斑纹，斑驳无序，犹如铜锈，摄取青铜神韵。

图2-3-1　三星堆·快客杯1　万仟堂

图 2-3-2　三星堆·快客杯 2　万仟堂

图 2-3-3　三星堆・快客杯 3　万仟堂

作品名称：琅琊客・快客杯（图2-3-4、图2-3-5）

企　　业：厦门万仟堂艺术品有限公司

设计解码：该茶器IP源于热播电视剧《琅琊榜》，器名取于长林府二公子萧平旌拜师学艺的琅琊阁，器型整体刚柔并济。将琅琊阁代表元素——信鸽幻化成器物之心，寓意着传递信息和美好祝福；将长林军盔甲的手臂部分化为快客杯羽翼，刚毅的外表象征长林军的赤诚忠勇。整组茶器为一壶两杯配置，并配壶盖，可收纳在一起，便捷便携。壶体两侧有通气孔，手柄处为中空处理提升防烫效果，防滑隔热。过滤挡片采用手工打孔，18孔科学布阵，出水流畅快速。配有两个釉色，可根据个人喜好选择。

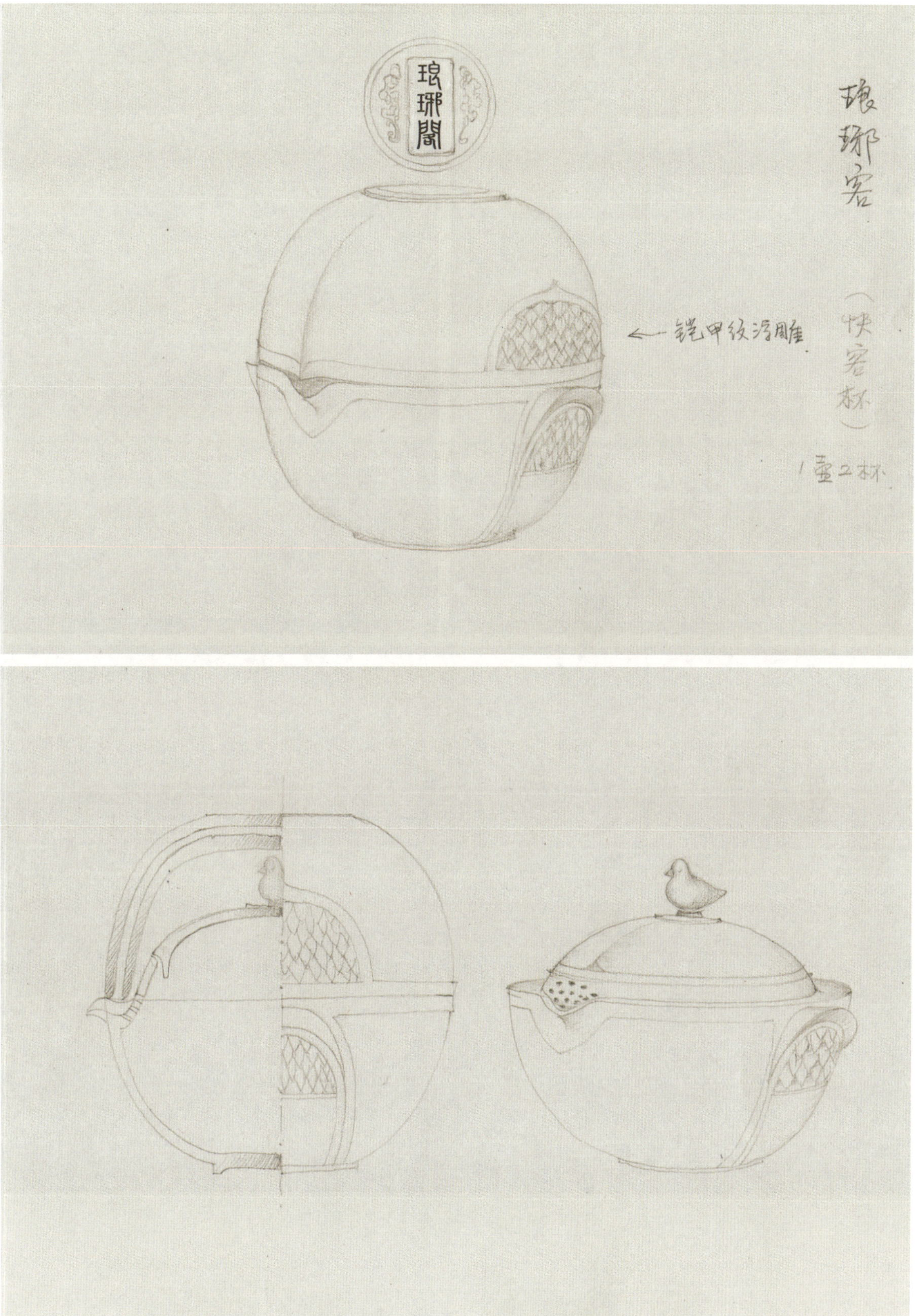

图 2-3-4　琅琊客・快客杯 1　万仟堂

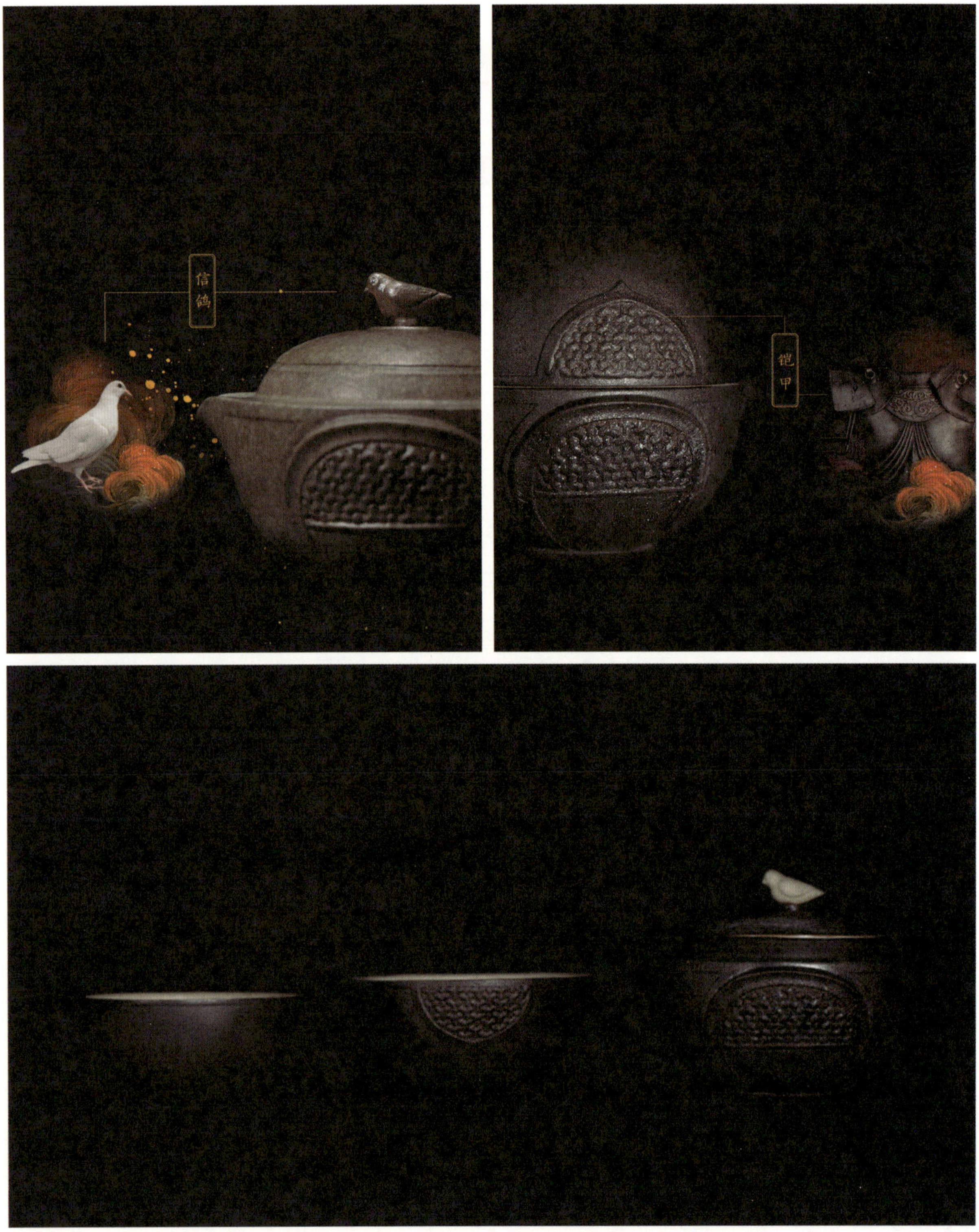

图 2-3-5　琅琊客·快客杯 2　万仟堂

作品名称： Duck–JB08 加湿器（图 2–3–6）

企　　业： 深圳市几素科技有限公司

设计解码： 这是一款为一线城市精致女生生活空间增加湿度的小电器，与小黄鸭 IP 相融合，不仅让人联想起与“水”的关系，还能让人想起童年天真快乐的时光。因北方秋冬季天气干燥，皮肤敏感，嘴唇容易干裂，这款产品可以缓解个人上班以及睡眠时的小空间加湿需求。有单喷雾、双喷雾、间歇喷雾三种方式，小巧便携，可放置于桌面或床头使用。其续航持久，能够满足一晚加湿需求。附加氛围灯，淡淡的黄色与小黄鸭的本色十分吻合，夜间睡眠时能够提升空间的氛围感。

图 2–3–6　Duck–JB08 加湿器　几素

作品名称：Duck-FA40八爪鱼风扇（图2-3-7）

企　　业：深圳市几素科技有限公司

设计解码：夏季气温高，桌面风扇不适合在婴儿床附近使用；外出时，夹在手推车上常规夹持款风扇，体积较大，不方便携带，且固定方式单一；格栅扇叶间隙较大，对于好奇心强的婴幼儿来说存在安全隐患……小黄鸭版八爪鱼风扇就是为解决以上问题而生的，其小巧便携，方便夹持在手推车上或婴儿床上，稳固性强；格栅间隙小，安全有保障；小黄鸭的颜色、C位形象设计，与目标用户特别吻合，对于钟情小黄鸭的粉丝来说“老少皆宜”。

图 2-3-7　Duck-FA40八爪鱼风扇　几素

三、设计案例——学生作品案例

作品名称：猫伏蟾系列产品（图2-3-8、图2-3-9）

设　　计：曹清森

设计解码：产品灵感源于广东省博物馆藏的清沈铨的《耄德洪基图》，其画中最具代表性的是猫和蟾蜍。经过设计演化，秉承让文物活起来的态度，将其元素进行了IP化处理，然后加以运用，设计成卷尺、直尺、胸针、胸章、啪啪圈。

图2-3-8　耄德洪基图　清　沈铨

图 2-3-9　猫伏蟾系列产品　广东轻工职业技术学院　曹清森　指导：杨淳、廖乃徵

作品名称：“装仕”小单肩包（图2-3-10、图2-3-11）

设　　计：黄海华

设计解码：产品灵感源于广东省博物馆藏的陈洪绶《调梅图》，汲取画中仕女形象并融合现代元素设计了一系列“佛系串珠束口仕女”小单肩包。“装仕”小单肩包束口纹样源于画中仕女发饰图纹，包身仕女的五官、面部表情通过针线、配件巧妙地把人物形象作了全新的演绎，特别是加上硕大的珠子包带，小包粗带，形成强烈对比，既有文化意味又充满现代时尚感，特别符合现代年轻人的消费需求。

图2-3-10　调梅图　明　陈洪绶

图 2-3-11　“装仕”小单肩包　广东轻工职业技术学院　黄海华　指导：杨淳、廖乃徵

作品名称：“啊，梅女”变脸调味罐（图 2-3-12）

设　　计：姚俊

设计解码：“啊，梅女”设计源自明代陈洪绶的《调梅图》。画中仕女表情生动微妙，各具神韵，联想到当代年轻人爱使用夸张的表情包，因此提取了脸部符号作为设计切入点。将调味罐中的甜、辣、咸感知味觉用人们意识当中视觉符号进行了无意识的主体感知替换。当人们使用时，打开底部盖子，可以装调料，按下头部，原本微妙神韵的脸转了180°，露出了品味后夸张的表情，让人们下意识知道这是什么品类。其衣服使用的是黑色刮纸，源自当下年轻人流行的爱DIY的个性，且衣服可更改成当下流行的渐变撞色，形成新的系列，更可与各种流行品牌、艺术家合作推出限量版，更好促进产品销售。

四、知识点

（一）文化IP设计的基本原则

1. 以文创传承为出发点

文化与产品设计相辅相成，围绕文创IP核心元素定位，提取代表性、可拓展、有辨识度的文化符号，塑造其形象地标。通过讲故事的方式，以生动有趣的图案塑造故事场景，让消费者在潜移默化中唤起对文化内容的认知，促使消费者对文创IP产品产生特定的联想与回忆，以创造文化体验的方式与消费者建立情感共鸣。最后，在新情境中创造更多的系列化产品，通过跨域链接形成规模化的效应，真正实现在各接触点建立与消费者的文化链接，完成精神文化世界的搭建和推广。

2. 以情感表达为着力点

文创IP的情感设计，目标是降低大众对文化的认知难度，通过文创产品的易用性设计和服务体验设计来创新文化IP的内涵意义，进一步满足用户对文化的情感需要。消费者倾向于在产品中寻找与自身相关的身份认同和人生故事，购买行为本身就是一种情感和价值的认同。可见，文化IP产品设计不仅需要提升美感和体验性，还要在传播的过程中引发情感共鸣和文化共识，围绕文化标签、历史场景等多维度的叙事模式，加强文化IP文创产品的输出力度，引发的情感共鸣将形成重要的竞争优势。

图 2-3-12　“啊，梅女”变脸调味罐　广东轻工职业技术学院　姚俊　指导：廖乃徵、杨淳

3. 以时尚个性为依托点

文创产品的消费群体大多是年轻学生和有消费能力的白领，这一代年轻人成长于祖国富强时期，有较强的民族自豪感和自信心。通过消费文创产品提升文化认同感，已然成为年轻人追求的时代产物，近年来国潮兴起及繁荣发展就是最好的佐证。通过文化IP创新设计实现时代潮流与历史传承相结合，积极接纳新的设计理念，满足消费者个性化的定制需求，赋予文创IP新东方美学表达，在色彩、造型、纹饰等方面展现出东方艺术之美，凸显时尚个性的消费特点，以呼应新时代消费者的价值主张。

（二）文创IP设计开发策略

1. 深化文化IP内涵

文化内涵是文化形态的精神价值，对消费者而言，文化IP代表某一类标签或当下的文化现象，大众因对其产生兴趣，才会去追捧并愿意转化为消费行为。设计师通过讲故事的叙事方式对文化IP进行创新设计，让消费者通过IP文创产品产生主动了解历史与文化的意愿，在传播的过程中让受众认同文化的特色魅力，引发情感共鸣和文化共识。当文创产品产生这两种效用，必然会满足消费者强烈的情感需求，甚至形成“粉丝”效益，助力产品二次传播。

2. 强化产品交互体验

文创产品的体验感将直接影响大众的认知信息程度。新文创理念更加重视数字技术与产品之间的融合，消费者也越来越关注人与产品之间的交互关系。通过建立感官上的体验、制造文化性的场景等方式，或者通过移动互联、人工智能、VR等科学技术，将虚实场景相结合，创造一种具有趣味性、沉浸式的文化体验，让大众参与到文创产品从设计、生产到消费营销的全流程，让文创产品与用户在交互过程中建立更深的情感链接，强化文化IP文创产品的输出力度，引发的情感共鸣才能形成重要的竞争优势。

3. 提升营销和推广环境

文化IP需要在不断摸索中逐渐搭建起属于自己的文创商业版图和一条坚守IP价值与开放互动的产业链，采用多元化合作战略，包括跨界合作多元化、品牌授权多元化、文创品类多元化，形成对IP衍生价值的充分挖掘。通过互联网和移动端建立全方位文化展示平台持续性供给，强化文化在消费者心中的感受力。用户接收文化内容并通过社交分享后，不仅节约了大量的文化宣传成本，还实现了内容的可持续创造。

五、实战程序

本节的文化IP文创产品设计的实战程序与生活美学类的实战程序类似，本节就不具体展开示范，详细可参照生活美学“传家壶”项目的实战示范，结合自选项目变通实施。但基于文化IP文创产品设计的特殊性，还需要对其产业结构有所了解，可细划分为内容层、延展层和支撑层。

（一）内容层

内容层在整个IP产业链中有着重要的位置，它是文创产品开发设计的基石，因为只有高质量的文化内容才能打造出有深度、有温度、有精神内核的IP。文化的多样性铸就了文化IP的独特性，通过对文化特征进行深入分析，从中提取有效文化基因，并对其进行解构、归纳、总结，将文化基因符号进行可视化表达，才能形成具有特色的文化IP。

（二）延展层

在IP产业链中为产业层次起到核心作用的是

延展层。多元化跨界合作、多元化品牌授权、多元化文创品类……多种方式的延伸既保障了IP的经济效益又扩大了IP产业的影响力。通过多渠道、全方位推广营销，强化文化在消费者心中的感受力，让不同的消费群体产生强烈的心理认同感，才能凸显文化价值的不同维度。

（三）支撑层

支撑层在整个产业链中起到关键作用。一个IP的成功往往由多重因素组成，这离不开设计团队的精心设计，也离不开媒体行业的推波助澜与各行各业的支持和服务，如政策扶持、媒体行业运营、生产加工等。当文化IP开发获得成功时，会引来许多的假冒伪劣产品的出现，而这些伪造产品如果未经许可私自使用，IP授权法律专业为IP的知识产权保驾护航，保障了文化IP开发的健康发展。

第三章　欣赏与分析

第一节　国内优秀文创产品欣赏

第二节　国外优秀文创产品欣赏

第三章 欣赏与分析

本章概述

近些年，随着国人对中华优秀传统文化的自信和自觉，文创产品设计进入了黄金发展时期，本章囊括国内外设计师和学生的优秀作品，力图全面展现当下文创产品设计实践与教育的整体状况，通过设计解码，了解优秀作品的设计思路、创意点，起到学习互鉴的作用。

第一节 国内优秀文创产品欣赏

作品名称： 敦煌博物馆金属书签（图3-1-1）

品　　牌： 敦煌博物馆

设计解码： 该系列书签运用伎乐天（敦煌壁画中天宫奏乐的乐伎）、九色鹿（敦煌壁画中的四大瑞兽之一）、三兔纹样（洞窟窟顶的三兔莲花藻井图案）、飞天（敦煌石窟中的飞神）四个敦煌特色符号进行再设计，表达“琴声流动，佛心垂首”“飞行云中，神化轻举”“呦呦鹿鸣，食野之苹”“月中何有，三兔捣藻”的意境。

作品名称： 吉兽佑嘉耳机保护套（图3-1-2）

品　　牌： 故宫博物院

设计解码： 在中国传统文化中，虎威猛正直，有辟邪镇宅、护佑平安的寓意。狻猊是外形接近狮子的猛兽，是寓意护佑平安的神兽。押鱼能喷出水柱，是兴云作雨、灭火防灾的神兽。獬豸是我国古代神话传说中的神兽，双目明亮有神，性忠直，是公平、正义的化身。设计师以卡通形象呈现飞虎、狻猊、押鱼、獬豸的形态，提取杏黄、玄青、石青、大红、明黄、月白等配色进行巧妙搭配，时尚又可爱。

图 3-1-1　敦煌博物馆金属书签　敦煌博物馆

图 3-1-2　吉兽佑嘉耳机保护套　故宫博物院

作品名称： 祈福神官 IP 盲盒（图 3-1-3）

品　　牌： 三星堆博物馆

设　　计： 曾舟

设计解码： 祈福神官 IP 盲盒是以三星堆文物为原型，包括青铜大立人、青铜戴冠纵目面具、铜神树枝头花蕾及立鸟、圆头金面青铜人头像、平头金面青铜人头像，通过提炼文物的典型特征，结合年轻人的喜好，赋予其潮玩的特质，打造出一个青铜时代的“偶像天团”。

图 3-1-3　祈福神官 IP 盲盒　三星堆博物馆　曾舟

作品名称： 沙漏茶壶（图3-1-4）

制 造 商： 广东新宝电器股份有限公司

设　　计： 李海中、陈龙辉、甘保基

设计解码： 沙漏式茶壶打破了传统茶壶的设计理念。冲泡器和公道壶都是球形的，由玻璃制成，赋予器具简洁优雅的外观。用户可以用他的所有感官来跟踪酿造过程的所有阶段。当茶泡得足够长时，它会通过过滤器和阀门流入一个时尚的茶壶，随时可以上桌，操作简单且易于理解。

图3-1-4　沙漏式茶壶　李海中、陈龙辉、甘保基

作品名称： ZEN手表（图3-1-5）

制 造 商： 深圳穿金戴银科技股份有限公司

设　　计： 深圳穿金戴银科技股份有限公司

设计解码： ZEN的设计灵感来自古语："日出而作，日落而息。"这句格言将人们从快节奏的城市生活中解放出来，创造了一种美好的生活空间。ZEN手表的表盘就像一个安静的世界，只有一个"太阳"金属圆盘在运动。这种颠覆性的表盘设计创造性地消除了指针，提供了非传统而自然简约的外观。手表的正面呈现出中国传统的山地轮廓。"太阳"遵循最原始的自然规律，"日出"和"日落"每天都在发生，提醒人们在工作时放慢脚步，感受生活。

图3-1-5　ZEN手表　深圳穿金戴银科技股份有限公司

作品名称：卵石系列·公道杯（图3-1-6）

品　　牌：哲品家居

设计解码：瓷面通透细腻的杯身，形如喇叭的杯口，组成了公道杯简而意远、雅而趣深的器型。黑色、白色、暖灰色、绿色四款，亚光高骨瓷，触感温润如玉，器型弧度自然，杯口向外延展。整个杯子以质朴塑形，不加修饰，有着系列统一的圆浑轮廓与柔和的线条走势，细节处见巧思，自然成趣。

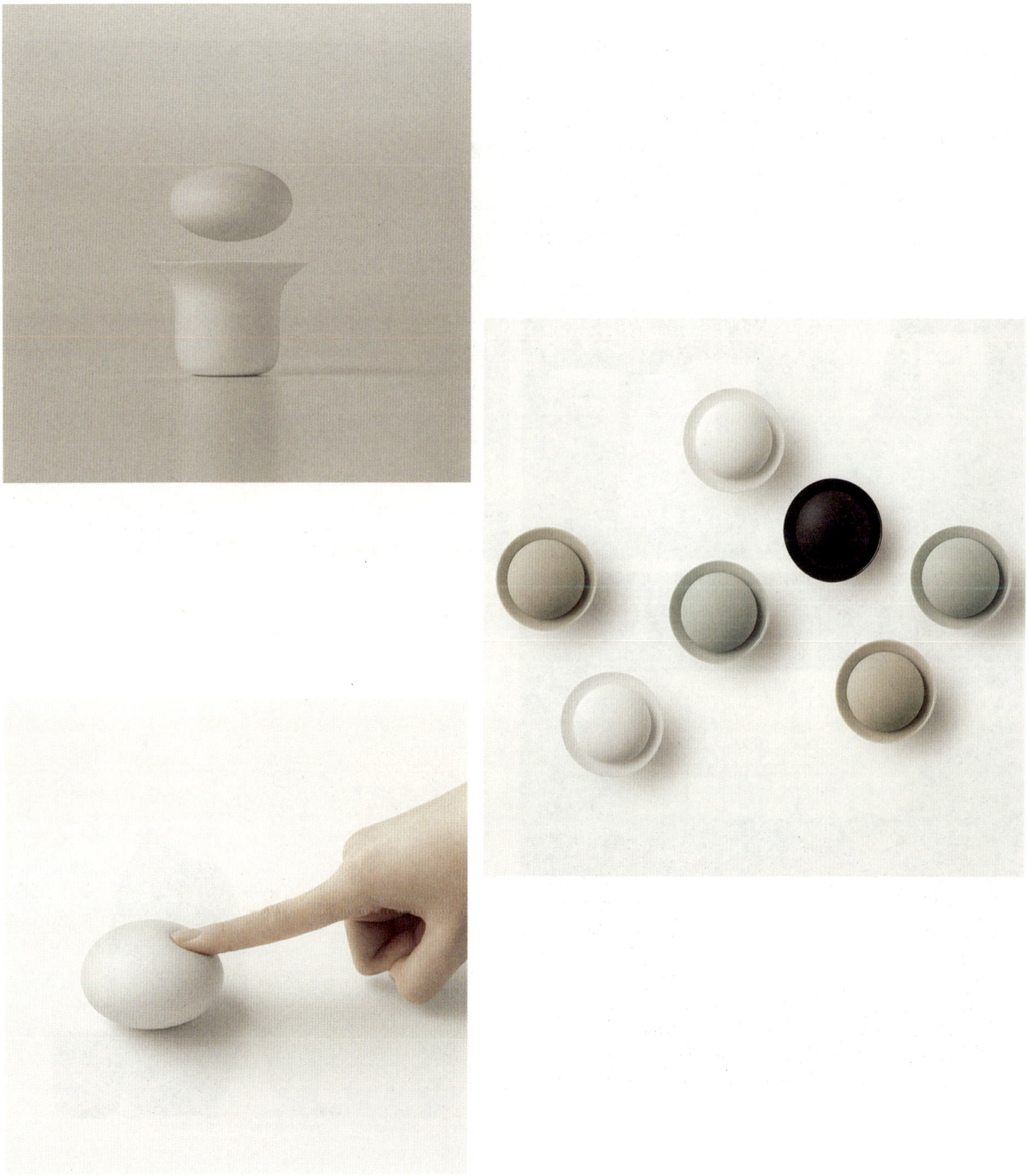

图3-1-6　卵石系列·公道杯　哲品家居　佐藤大

作品名称：谷小酒酒器（图3-1-7）

制 造 商：四川食全酒美酒业有限公司

设　　计：成都北岭俊包装设计有限公司

设计解码：这套酒器由一个分酒器和六个酒杯组成。外轮廓的灵感来自一粒米的形状，旨在表达设计师所珍视的新生活方式。这些物品传达了纯净、清新和自然的品质，对寻求和平与宁静的城市居民至关重要。酒器由陶瓷制成，温润如玉，有经典的黑色和白色。分酒器的壶口采用的是鸟嘴设计，出酒流畅利落。

图3-1-7　谷小酒酒器　成都北岭俊包装设计有限公司

作品名称： 穹顶系列摆件（图3-1-8）

品　　牌： 三维工匠

设计解码： 该产品用混凝土材料制成，以古罗马代表建筑万神殿的穹顶为灵感进行设计，既可作为书立，也可作为烛台等家居装饰摆件。

图 3-1-8　穹顶系列摆件　三维工匠

作品名称：“宫里上新”春节礼盒（图3-1-9、图3-1-10）

制造商/设计：深圳市纯净生活贸易有限公司

设计解码：紫禁城是中国古代的皇帝宫殿，有着600多年的历史。这个礼品盒为庆祝春节和新年而设计，通过宫殿的三维再现展示了崇高壮观的皇城。盒内有一组红包、游戏板和其他具有春节典型元素的产品。包装同时可以用作家居装饰。

图3-1-9　“宫里上新”春节礼盒1　深圳市纯净生活贸易有限公司

图 3-1-10　“宫里上新”春节礼盒 2　深圳市纯净生活贸易有限公司

作品名称： 黑金系列茶具套装（图3-1-11、图3-1-12）

品牌/设计： 三界

设计解码： 这套黑金系列茶具套装包含提梁壶、茶炉和台式上水器。提梁壶汲取的是徽派建筑美学，现代简洁中杂糅着传统古韵；茶炉以简洁实用表达我们对“大音希声，大象无形”的理解。在视觉上圆形更具亲和力，同时能为台面留出更多空间。亮黑版的台式上水器，犹如一抹新月，也是茶台上的一道风景。

图3-1-11　黑金系列茶具套装1　三界

图 3-1-12　黑金系列茶具套装 2　三界

作品名称： 雨花石橡皮擦（图3－1－13、图3－1－14）

大　　学： 广州美术学院

设　　计： 陈锦溪、卢钟波、方良芳

指　　导： 张剑

设计解码： 人们在选择橡皮擦时往往都会被干净又好看的外表吸引，可是使用起来只会不断破坏它原本好看的外表。“雨花石橡皮擦”是一个恰恰相反的橡皮擦。美好的图纹隐藏在普通的外表里面。随着使用过程中的消耗，里面隐藏的图纹颜色会逐渐显现，当用到一定程度时，橡皮擦会变成不规则的椭圆体，搭配上雨花石的纹理，仿佛橡皮擦随着使用的过程而变成一个美丽而珍贵的雨花石，令人感到愉悦。

图3－1－13　雨花石橡皮擦1　广州美术学院　陈锦溪、卢钟波、方良芳　指导：张剑

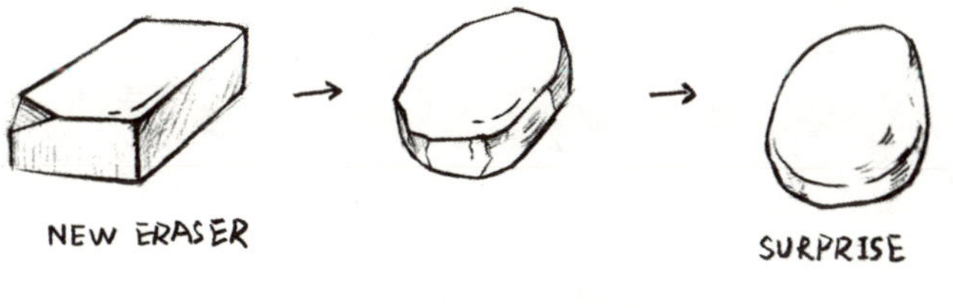

图 3-1-14　雨花石橡皮擦 2　广州美术学院　陈锦溪、卢钟波、方良芳　指导：张剑

作品名称： 电子虎吉他（图3-1-15）

大　　学： 上海工艺美术职业学院

设　　计： 潘加尧、张李姝、陈嘉颖

指　　导： 向进武、张渺、金一歌

设计解码： 此设计以虎为主体，不存在共鸣箱，可以有效节约吉他内部空间。在不妨碍使用者的情况下，吉他的外形呈现虎头状。吉他顶部有握把，镂空部位可以使吉他轻量化。功能方面，为6弦吉他，所有功能在配合音响、电源等设备的情况下可以正常使用。调音的音量旋钮有独自的排版，给使用者带来最大程度上的便利。

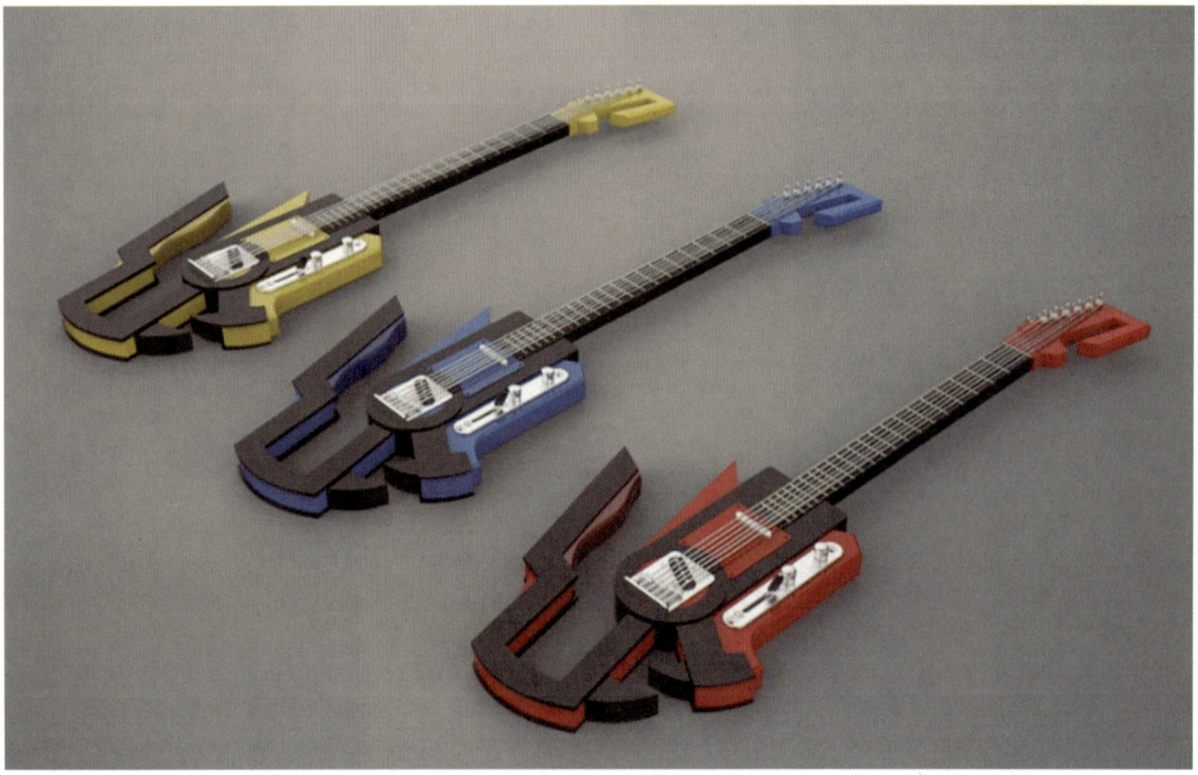

图3-1-15　电子虎吉他　上海工艺美术职业学院　潘加尧、张李姝、陈嘉颖　指导：向进武、张渺、金一歌

作品名称：池上池下（图3-1-16）

大　　学：广东轻工职业技术学院

合作企业：广东省博物馆

设　　计：冼晓明

指　　导：廖乃徵、杨淳

设计解码：《池上池下》灵感源于《藤花鱼藻图》，藤花落于池上，引来游鱼。庚午夏日，以池为台、以枝为香、以花为坐、以鱼为器。花藻、游鱼相映成趣。

图3-1-16　池上池下　广东轻工职业技术学院　冼晓明　指导：廖乃徵、杨淳

作品名称： 小恐龙手机支架（图3-1-17）

大　　学： 深圳信息职业技术学院

设　　计： 郑雨欣

指　　导： 李娇曼

设计解码： 这个产品是以小恐龙为原型设计的一款手机支架，折叠方便，容易携带。小恐龙的外形采用简约可爱的画风加以表现。为了配合可爱的外观，所以采用了黄、白、绿三种颜色，配色清新。

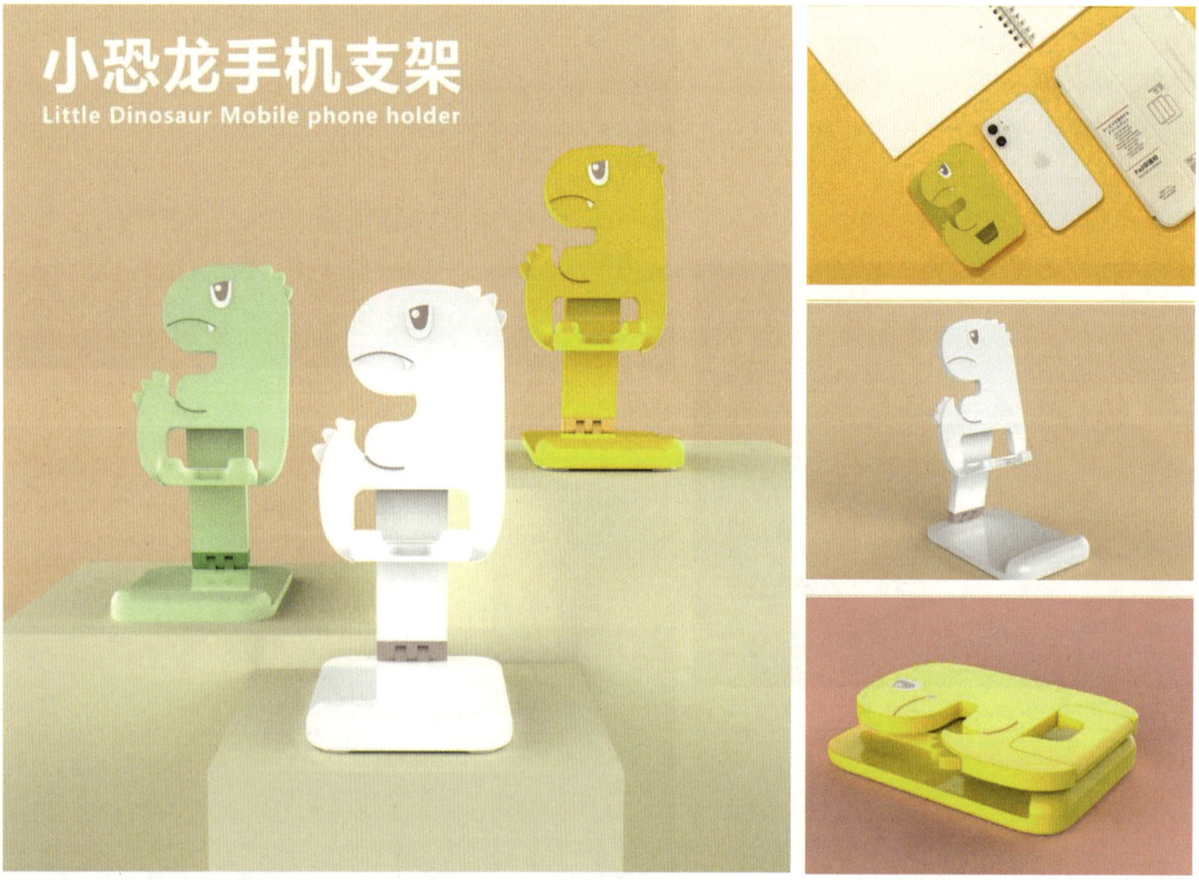

图3-1-17　小恐龙手机支架　深圳信息职业技术学院　郑雨欣　指导：李娇曼

作品名称： 雄安新区旅游文化创意产品（图3-1-18）

大　　学： 苏州工艺美术职业技术学院

设　　计： 刘艳秋、马甜甜

指　　导： 李炜

设计解码： 白洋淀传统诗性文化衍生办公桌面收纳产品，形态上选取“游舫穿梭剪白洋，水波苇叶两茫茫”等白洋淀典型意象，材质上选用黑胡桃木和亚克力，实现诗性元素的可视化表达，体现白洋淀的诗性文化内涵，营造虚实相生的美感。

图3-1-18　雄安新区旅游文化创意产品　苏州工艺美术职业技术学院　刘艳秋、马甜甜　指导：李炜

作品名称：“穆桂英之光”笔筒小夜灯（图3-1-19）

大　　学：中山职业技术学院

设　　计：陈奕佟

指　　导：林界平

设计解码：这是以粤剧为主题设计的一款笔筒小夜灯，以推广粤剧文化为目的，提取了粤剧的经典代表角色穆桂英。发光的脸部表达穆桂英照亮大家、引领大家的一个形象。这款夜灯的上半身与下半身均可成为独立的存在，下半身可以放置文具等物品，身后的旗帜均为笔，可以单独使用。

图 3-1-19　“穆桂英之光”笔筒小夜灯　中山职业技术学院　陈奕佟　指导：林界平

作品名称： 园林印象（图3-1-20）
大　　学： 苏州工艺美术职业技术学院
设　　计： 武文洁、汪韬
指　　导： 李炜
设计解码： 灵感来自苏州博物馆剖面图的建筑轮廓造型，从中提取出典型的线条，结合苏州博物馆馆藏及衍生文化，从线到面，以现代桌面办公收纳产品作为载体，创作出一套新的几何形态的文创产品。亚克力与木材两种材质的虚实结合，让用户在使用中也能品苏州博物馆韵味。

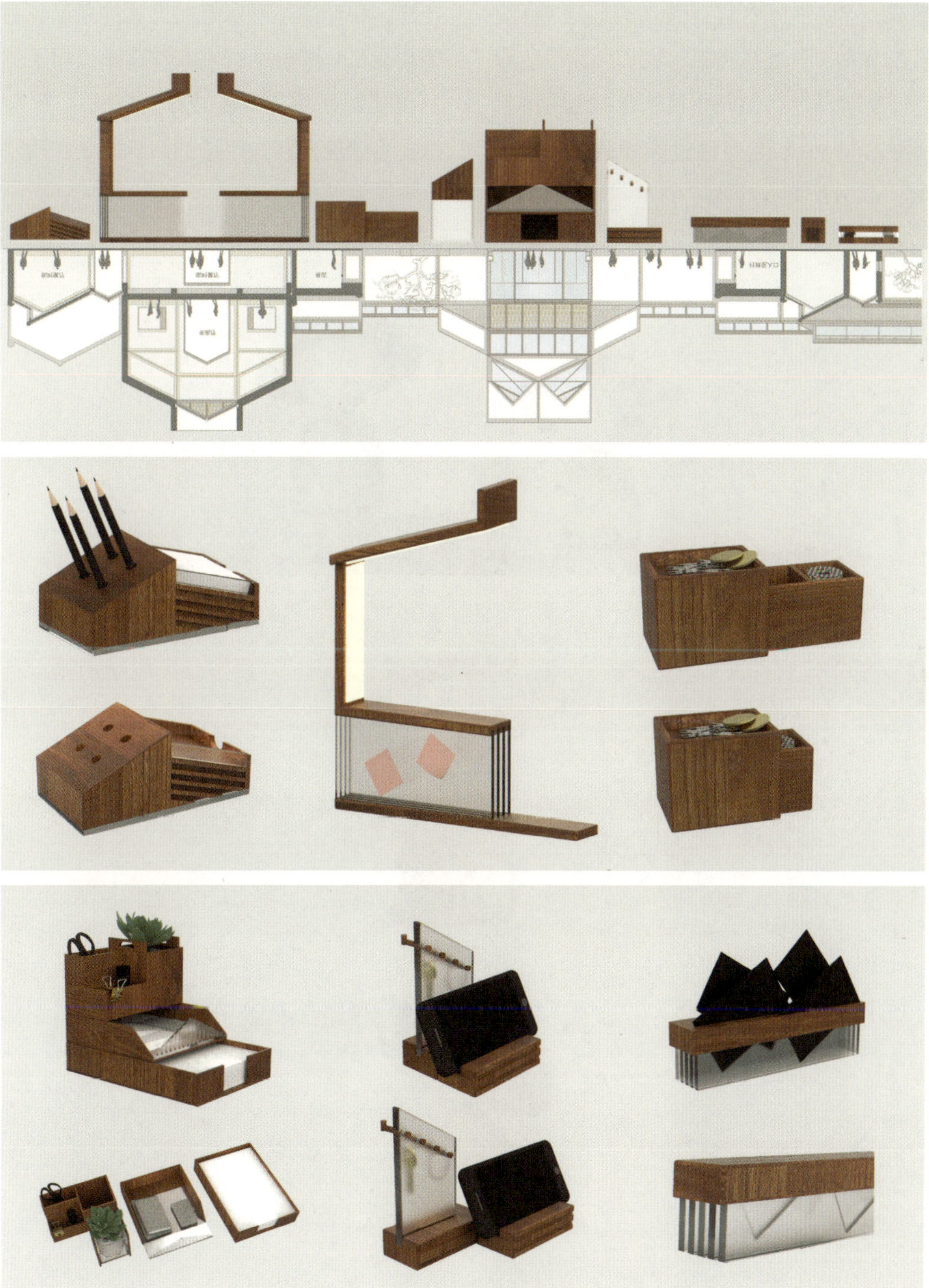

图3-1-20　园林印象　苏州工艺美术职业技术学院　武文洁、汪韬　指导：李炜

第二节 国外优秀文创产品欣赏

作品名称： Woo-bi台灯（图3-2-1）

设　　计： 吴在英（韩国）

设计解码： Woo-bi台灯让我们想起了童年，当下雨天我们和朋友一起行走时，我们会穿着色彩鲜艳的雨衣，到处泼水。“Woo-bi”在韩语中的字面意思是雨衣，Woo-bi台灯通过柔和的灯光表达孩子的纯真。台灯配有一个小“引擎盖”，俏皮的外形和温暖的色彩让用户感到亲切。帽子通过可移动性增加了功能——就像它可以保护用户免受雨淋一样，移动帽子可以控制光线的角度。另一个有趣的功能是灯的旋钮，它兼作雨伞或帽子的尖端，根据需要帮助用户调暗或增亮灯光。充电点配有磁铁，可快速对接。小小的台灯即使在阴沉的日子里也能激发快乐。

图3-2-1　Woo-bi台灯　吴在英（韩国）

作品名称： 纸画框（图3-2-2）

制 造 商： 王子控股有限公司（日本）

设　　计： T3设计有限公司（日本）

设计解码： 这是一个装饰纸画框，包括一个底座和一个边框，由100%纸浆制成，绿色环保。纸画框非常轻巧且易于悬挂，可以用图钉将其固定在墙上，由于纸框是由纸制成的，因此用户可以直接在框架上绘画并享受绘画的乐趣。

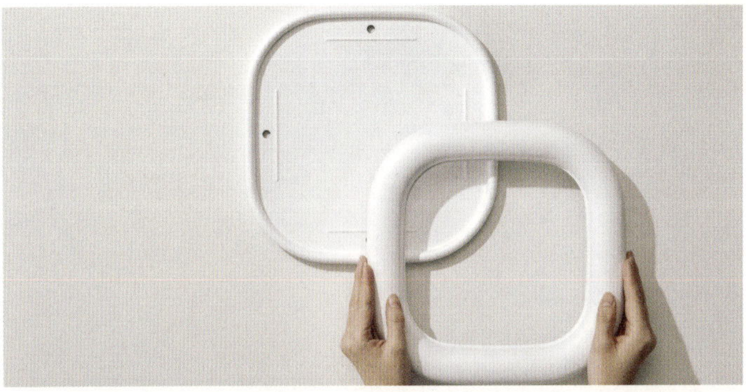

图3-2-2　纸画框　T3设计有限公司（日本）

作品名称：高级橄榄油分装瓶（图3-2-3、图3-2-4）

生产企业/设计：穆尔西亚（西班牙）

设计解码：这款橄榄油分装瓶是一个可持久使用的容器，拥有独特的开闭系统。瓶身由陶瓷制成，具有细腻的触感，造型符合人机工程学。创新性的瓶塞，可将瓶子密封，仅需轻轻一扭即可打开，瓶嘴采用双防滴和回油系统，让它可以在不移动瓶盖的基础上倒油，使用时也不会影响整体的美观度。有三种颜色可供选择，具有出色的实用性以及可重复使用性。

图3-2-3　高级橄榄油分装瓶1　穆尔西亚（西班牙）

图 3-2-4　高级橄榄油分装瓶 2　穆尔西亚（西班牙）

作品名称： 褶皱盘（图3-2-5、图3-2-6）

制造商/设计： 辻商店株式会社（日本）

设计解码： 褶皱盘的材料是使用传统日本褶皱技术制成的纸张。将平常用于衣服的褶皱技术应用于纸张，会使纸张产生三维形状。褶皱使用户可以自由改变盘子的形状以满足他们的不同需求。纸制成的盘子，成型工艺简单，既方便折叠收纳又方便回收，是一款能为用户生活带来乐趣的环保产品。

图3-2-5 褶皱盘1 辻商店株式会社（日本）

图 3-2-6　褶皱盘 2　辻商店株式会社（日本）

作品名称： HYUU无线充电器（图3-2-7、图3-2-8）

设　　计： juwon kim（韩国）

设计解码： 这款无线充电器的设计灵感源于日本禅宗花园枯山水，通过有规律的流畅的线条暗示了日本禅宗花园中用细沙做成的“水”。LED充电棒的灵感来自香，香棒倾斜放置在充电器表面，充电时，光的长度向下延伸，可清晰地传达充电状态。该设计通过意境的融入，为冰冷的电器带来人文气息。

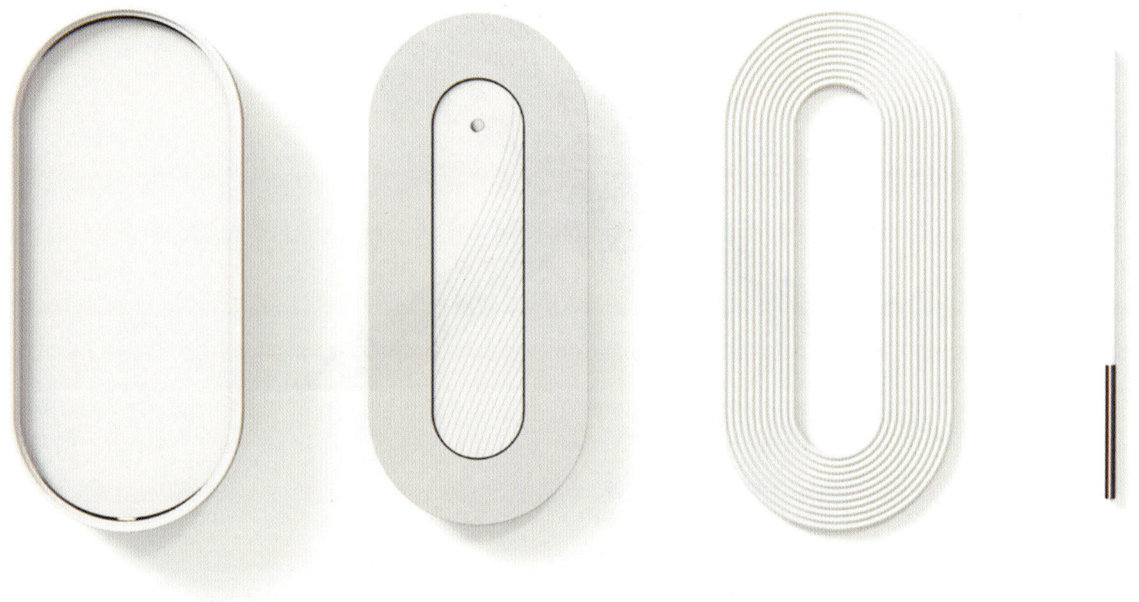

图3-2-7　HYUU无线充电器1　juwon kim（韩国）

图 3-2-8 HYUU 无线充电器 2 juwon kim（韩国）

作品名称： Zen Stone 灯具（图3-2-9）

设　　计： Neo Nguyen（越南）

设计解码： Zen Stone 灯具的形态设计灵感来自大自然中的鹅卵石，表面通过对石头纹理的细腻处理使简约的形态不至于单调，巧妙地将灯光隐藏在“石头”的底部。灯亮时，置于细沙底盘上的石头灯具营造出禅的意境，为用户带来宁静的使用氛围。

图3-2-9　Zen Stone 灯具　Neo Nguyen（越南）

作品名称： 六边形杯垫（图3-2-10、图3-2-11）

品　　牌： Zone Denmark

设　　计： 设计师三人组 VE2（丹麦）

设计解码： 这套等边六边形硅胶杯垫用镂空的平行线和交叉线构成的图案进行设计。模块化的设计让杯垫可排列成不同的图形组合，装饰性很强，有多种配色供用户选择。它们耐热温度高达250°C，可用洗碗机清洗。这套杯垫的装饰功能使用户几乎忘记了它们的主要功能，这为杯垫的设计提供了另一种创新维度。

图3-2-10　六边形杯垫1　Zone Denmark　设计师三人组 VE2（丹麦）

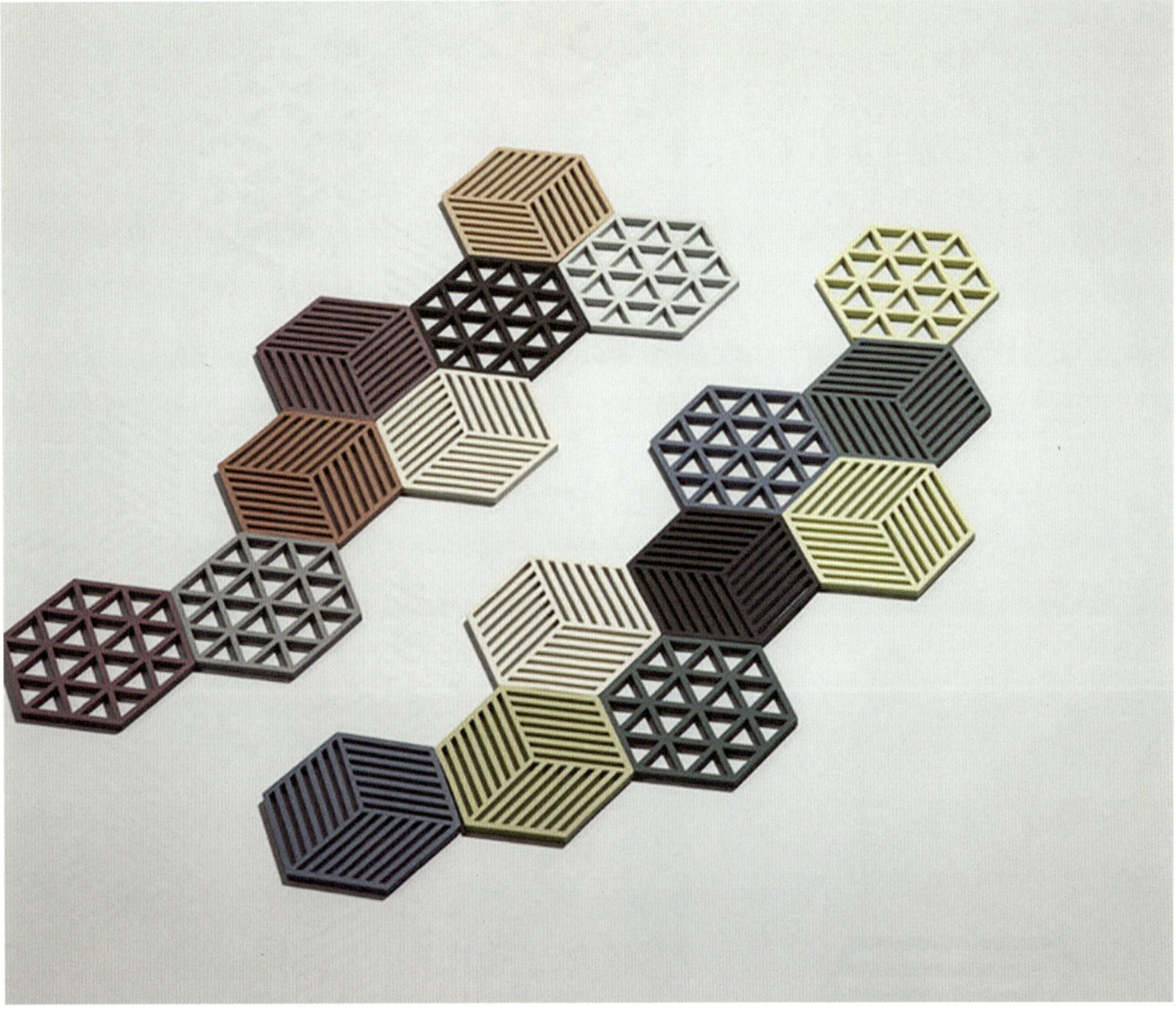

图 3-2-11　六边形杯垫 2　Zone Denmark　设计师三人组 VE2（丹麦）

作品名称：烛台（图3-2-12）

设　　计：Daisuke Kitagawa（日本）

设计解码：该烛台的设计元素来源于矗立在海角上的灯塔。它由不使用釉料的高温烧制的瓷器制成。在蜡烛点亮时，半透明的细腻的质地散发出蜡烛温暖的光芒，柔和的烛光营造出舒适的氛围，让人身心宁静。

图3-2-12　烛台　Daisuke Kitagawa（日本）

参考资料

[1] 姚湘、胡鸿雁：《文化创意产品设计》，北京：北京大学出版社，2020。
[2] 张颖娉、张鸣艳、蒋艳俐：《文化创意产品设计及案例》，北京：化学工业出版社，2020。
[3] 周承君、何章强、袁诗群：《文创产品设计》，北京：化学工业出版社，2019。
[4] 栗翠、张娜、王东东：《文创产品设计开发》，北京：中国轻工业出版社，2021。
[5] 肖勇、候锐森、王靓：《文创产品设计》，北京：中国轻工业出版社，2022。
[6] 白藕：《新时代文创产品设计》，北京：清华大学出版社，2023。
[7] 周文军：《文创的本质》，北京：中国商业出版社，2020。
[8] 薛可、余明阳：《文化创意学概论》，上海：复旦大学出版社，2021。
[9] 刘潇：《以文化IP为核心的文创产品设计研究》，辽宁科技大学研究生论文，2022。
[10] 汪丹、管家庆：《基于生活美学取向的陶瓷文创产品设计研究》，《中国陶瓷》，2022年第12期。
[11] 涂瀚文：《生活美学正成为好生意》，《中国商界》，2023年第1期。
[12] 范梓睿：《基于“嘉庚精神”的厦门文化IP形象设计研究》，《丝网印刷》，2022年第2期。
[13] 史晓静：《基于博物馆IP的文创设计研究》，青岛科技大学研究生学位论文，2022。
[14] 郭娅楠：《新文创理念下的传统文化IP设计》，《艺术市场》，2023年第4期。
[15] 吴璇、欧阳瑰丽：《新文创消费下博物馆文创IP设计开发策略探析》，《中国包装》，2022年第8期。
[16] 袁凤：《中华传统纹样在国潮品牌IP设计中应用研究》，《西部皮革》，2022第10期。
[17] 蔡力：《体验经济时代旅游纪念品设计原则及开发路径》，《四川旅游学院学报》，2021年第5期。
[18] 蒋鹏、付业君、李树：《以文化为导向的旅游纪念品设计策略》，《包装工程》，2021年第6期。